非饱和黄土浸水力学特性及其对地铁隧道的影响

张玉伟　宋战平　刘慧军　石　卫　著

中国建筑工业出版社

图书在版编目（CIP）数据

非饱和黄土浸水力学特性及其对地铁隧道的影响 /
张玉伟等著. -- 北京：中国建筑工业出版社，2025. 2.
ISBN 978-7-112-30952-8

Ⅰ. U231.3

中国国家版本馆 CIP 数据核字第 20250R8B24 号

　　本书针对黄土地区地铁隧道病害频发问题，从浸水诱发黄土力学特性变化出发，采用理论和试验手段详细研究了浸水条件下黄土宏微观特性的演化规律，建立了考虑浸水影响的黄土力学本构模型；针对实际中地铁隧道可能发生的浸水情况，选择地表浸水和基底浸水两个方面，采用室内缩尺模型试验研究黄土地层浸水对隧道衬砌结构受力的影响机制，结合研究结果提出了黄土地铁隧道湿陷性地基处治措施。

　　本书适合黄土力学和隧道工程方面的科研、设计、施工和运维人员阅读，也可供高等院校、科研院所相关专业的教师和研究生参考。

责任编辑：王华月
责任校对：张惠雯

非饱和黄土浸水力学特性及其
对地铁隧道的影响

张玉伟　宋战平　刘慧军　石　卫　著

*

中国建筑工业出版社出版、发行（北京海淀三里河路9号）
各地新华书店、建筑书店经销
北京红光制版公司制版
建工社（河北）印刷有限公司印刷

*

开本：787毫米×1092毫米　1/16　印张：10　字数：224千字
2025年3月第一版　2025年3月第一次印刷
定价：**58.00**元
ISBN 978-7-112-30952-8
（44432）

前　　言

西安地铁某些区间穿越大厚度湿陷性黄土层，建设初期隧道周边地层不具备浸水湿陷条件，黄土层对隧道影响不显现，地铁建成后受客观因素影响，如强降雨裂隙下渗、附近河道渗水、地下水位改变、隧道开挖临空面汇水效应等，可能导致隧道周边地层含水率改变，从而引起其长期运营状态指标变化，造成隧道结构受力改变引发衬砌开裂、错台等各种病害，威胁运营安全。

本书以湿陷性黄土地区地铁隧道为研究对象，将黄土浸水后各项参数改变及可能对隧道受力造成的影响作为切入点，从微观理论角度出发，研究非饱和黄土浸水条件下的孔隙演化机理，并开展土水特征试验，明确浸水孔隙变化条件下黄土的土水特征变化，基于多孔介质力学建立适用于黄土的数学描述模型，结合微观和理论方法讨论黄土浸水后力学性质变化规律；进而从宏观角度开展湿陷性黄土地层浸水对地铁隧道影响的模型试验，分析不同地层浸水湿陷工况对隧道结构受力的影响，同时结合试验结果提出并优化湿陷性黄土地基处治措施，以期为黄土地区地铁工程建设提供依据。

希望本书的出版，能够进一步完善黄土地铁隧道结构病害机理与防治理论体系，为黄土地铁隧道的前期设计和后期运营提供指导，同时为黄土地铁隧道相关规范的制定或修订提供科学依据。

限于作者水平，书中难免存在疏漏和不妥之处，敬请读者批评指正。

目　　录

第1章 绪论

1.1 研究背景

我国黄土地层分布广泛，地层浸水常常引起黄土力学性质改变，对周围建筑物影响明显。得益于城市地铁绿色环保、快速准时等特点，全国各大城市均规划了多条地铁线路。例如西安在远期规划中，拟建成总长约862km的19条地铁线路，而拟修建或已运营的很多地铁线路区间段处于大厚度黄土地层中，且这些区间段或邻近河道或地下水丰富，地铁建成运营后，其地基可能受长期列车循环荷载和地下水迁移等发生状态指标变化（如含水率、孔隙比、土水特性等），从而造成隧道基底地基强度等参数改变，这种变化必然会对地铁结构受力造成不利影响，可能发生不均匀沉降导致衬砌错台、不均匀浸水导致隧道结构扭转等，如果对浸水引起的地铁隧道地基状态指标认识充满盲目性，可能造成对地铁结构受力机理认识不准确，造成运营安全隐患。

本书以西安湿陷性黄土区地铁隧道为主要研究对象，以黄土浸水湿陷后指标演化特征及其对隧道结构受力的影响为主线，首先从理论角度开展湿陷性黄土浸水特性研究，明确浸水及荷载条件下黄土微观结构演化机理，以土体微观结构及其演化规律为基础，结合非饱和土水力耦合机理的量化描述及耦合效应的工程控制这一核心问题，建立考虑浸水孔隙变形的非饱和黄土土水特征曲线模型和渗透系数模型，阐明黄土地基土体浸水条件下的土水特征及渗透特性变化；其次，在多孔介质力学框架内，假定土体各相均符合质量守恒、能量守恒以及动量守恒定律，土中渗流以达西定律考虑，水气转换符合Fick定律，建立一个可以描述非饱和黄土浸水增湿条件下的数学模型；再次，在明确非饱和黄土浸水及荷载条件下质变变化特性的基础上，回归到工程实际从宏观角度开展模型试验，研究非饱和湿陷性黄土地区不同湿陷工况对地铁隧道结构受力及位移的影响，评价地层浸水灾变对地铁隧道的影响机制；最终，提出适用于湿陷性黄土区的地铁隧道基底地基处治方法，并建立湿陷性黄土隧道地基处治深度范围标准及最优处治参数。成果可为湿陷性黄土地区地铁隧道工程建设提供参考。

1.2 国内外研究现状

1.2.1 黄土微观结构机理研究

黄土在我国分布广泛，针对黄土的研究也取得了丰硕成果。早前，学者们就认识

1

到天然黄土往往具有湿陷性，如何解释这种湿陷性，从微观角度开展研究是一种可取的手段，在这方面学者们做了大量的研究。苗天德从微观机理出发，重新解释了黄土的湿陷变形机理，并应用数学灾变理论建立了湿陷性黄土的本构关系；刘旭等提出了微观结构失稳假说，基于微观孔隙体积函数推导了失稳体积比例，结合微观孔隙崩塌体积-应变关系进一步建立了考虑微结构失稳的湿陷性黄土应力应变关系；高凌霞等采用电镜扫描（SEM）手段首先定义了黄土微观结构参数，进而讨论了所定义微结构参数之间的关系，构建了合成微结构参数，从微观角度对黄土湿陷性进行评价；雷胜友等采用 CT 扫描手段分析了黄土在外荷载和湿陷过程中的微结构损伤变化，指出黄土湿陷过程是由于物理化学变化引起，而大孔隙对湿陷变形贡献不大，为评价黄土湿陷性提供了基础依据。通过黄土湿陷机理的研究，学者们也逐步认识到黄土具有明显的结构性，结构性也是其湿陷性的重要影响因素。自从沈珠江院士指出土的结构性研究是 21 世纪的核心问题，黄土结构性研究也进入了百家争鸣时期，谢定义等基于一维压缩试验结果，创造性地提出了结构性参数，为黄土结构性研究提供了一种新途径；此后邵生俊团队利用三轴试验将结构性参数扩展到三维情况，增加了结构性参数的实用性，并建立了一系列考虑结构性的黄土本构模型，随后又提出了另一结构性指标——构度，分析了构度与粒度、密度、湿度之间的关系；胡再强等通过重塑土和人工制备的结构性土试验来描述结构性变化，并建立了黄土结构性本构模型。目前，从微观角度来研究黄土的湿陷问题仍是一个热点，但目前尚未建立一个机理明确、描述合理的孔隙演化规律数学表达式，从微观角度开展土体微观结构分析仍然需要开展大量的理论与实践工作。

1.2.2　土水特征及渗透特性研究

近年来，由于工程建设的迅速发展，黄土边坡、黄土路基以及黄土地铁隧道地基均涉及非饱和黄土的水力耦合问题，而要建立一个合理可靠的水力耦合模型首先应理解水力耦合机制下的土水特征与渗透特性。学者们在这方面做了许多探索，对各类土体变形特性、持水特性和渗透特性作了大量的理论和试验研究。土水特征曲线是表征饱和度（含水率）与吸力的特征曲线，是研究非饱和土的渗透性、强度、变形等力学特性的基础，同时也是描述其渗流及其力学耦合过程的基础。Huang 在 Brooks&Corey 模型基础上，构建了进气值、孔隙分布参数与孔隙比的相互变化关系，提出了一个四参数且能反映土体变形影响的土水特征曲线模型。Gallipoli 假设进气值与孔隙比为幂函数关系，建立了相应的土水特征曲线模型，得到了不同孔隙比的土水特性曲线变化。Nuth 则认为土体在不同孔隙变形条件下，土水特征曲线位置不同，但可通过平移得到，平移量取决于孔隙体积变形大小，进而研究了不同变形条件对土水特征曲线的影响。在此基础上 Hu 作了进一步假定，假设不同孔隙变形时的孔隙分布曲线可以通过平移和缩放得到，在已知初始孔隙比时推导了不同孔隙比对应的孔隙分布函数，进而建立了考虑孔隙变形的土水特征曲线模型。同时，研究人员也认识到，土体孔隙变形条件下，渗透系数也会发生耦合变化，饱和土的渗透系数试验资料较多，而非饱和土在高吸力条件下，土体排水极为缓慢，试验测定其渗透系数可行性不大，缺乏相应的资料积累，因此，通过土水特征曲线来预测渗透系数成为一种更为合理的途径。Laliberte 等探讨了非饱和土密实程度对其渗透系数的影响规律，认为密实程度对非饱和土固有渗透系数影响较大，土体密实程度改变时应充分考虑渗透系数的变化。Lloret 等首先确定渗透系数随孔隙比的变化关系，然后通过改变渗透系数与饱和度的关系表达式，确定了渗透系数随土体孔隙结构及含水率的变化规律，最终建立了适用于变形效应的非饱和土渗透系数函数。Chang 等定义了一个因子来表达土体孔隙变形及饱和度对渗透系数的影响规律，进而通过影响因子来反映孔隙变形和饱和度改变对非饱和土渗透系数的影响。张雪东等以毛细管模型和概率统计理论为基础，建立了考虑变形影响的渗透系数计算模型，研究了土体变形对土水特征曲线及渗透系数的影响，并通过多种土体的渗透试验结果对模型进行验证。但目前针对非饱和黄土土水特征和渗透特性的研究尚不多见，浸水湿陷引起的微观孔隙变化对土水特征和渗透特性的影响规律也不明确，还需要更为深入的理论探索与试验验证。

1.2.3　本构理论及水力耦合模型研究

国外对岩土材料本构理论模型的研究开展较早，自从 Roscoe 等提出土的临界状态理论以来，数以百计的各类土体理论模型逐渐面世，较著名的如针对黏土的修正剑桥模型、邓肯-张模型、莱特-邓肯模型等。以及以修正剑桥模型为基础，发展了适应于不同类型土的本构模型，如适用于结构性土的结构性修正剑桥模型、BBM 模型等。其中，BBM 模型是一个针对非饱和土的本构模型，经过大量试验证明，模型具有良好的模拟能力，得到了领域内研究人员的广泛认可。同时，Dafalias 将边界面理论引入岩土材料本构模型研究中，由于边界面理论在模拟循环荷载下土体的本构关系方面具有得天独厚的优势，因此获得了迅速发展。学者们基于边界面理论，发展了一些模拟土体循环荷载的边界面本构模型，以及以边界面为基础发展的多重屈服面本构模型等，这些模型均为弹塑性本构模型，为下一步研究各类岩土材料的水力耦合模型和力学性质提供了理论基础。然而，黄土地铁地基常常处于非饱和状态，且具有大孔隙性和强湿陷性等工程特性，地铁运营长期荷载作用和降水导致的地下水迁移作用均可能导致黄土地基指标变化，其本构关系也会产生较大变化，如果直接运用上述建立的模型来描述非饱和黄土的应力应变关系，必然会产生较大的误差，因此，目前还没有一个合理的模型来描述非饱和黄土的应力应变关系。

1.2.4　黄土浸水湿陷对既有建筑物的影响研究

对于工程而言，一切理论研究均要以为工程实践服务为目的。天然非饱和黄土常常具有明显的湿陷性，这对其影响范围内的建筑物受力具有直观影响，如何评价天然非饱和黄土的湿陷性对上部建筑物的影响是一个关键现实问题。在这方面，学者们也开展了大量的研究，黄雪峰等开展了大量大厚度湿陷性黄土地层的现场浸水试验，依据试验结果确定了大厚度自重湿陷性黄土地区地基处理深度与允许剩余湿陷量的内在关系，进一步建议了地基湿陷的合理控制关键手段。王小军等采用现场试验手段研究了郑西客专的地基黄土湿陷性，基于研究结果探讨了湿陷地基处理深度优化、桩基负摩擦力设计深度及路基防排水宽度等问题，建议了一些实用性地基优化处治措施。景韧和王永刚采用数值分析手段，对比了地层结构法和荷载结构法在穿越湿陷性黄土地层隧道湿陷塌方段的数值计算结果，结果指出隧道拱顶以上湿陷黄土围岩自承能力要在计算中适当考虑，荷载-结构法不能完全反映衬砌支护受力工况，地层-结构法计算结果更佳。翁效林等通过改进长安大学离心机浸水装置和监测设备，系统开展了浸水条件下湿陷性黄土层对地铁隧道结构影响的离心模型试验，分析了不同浸水条件下，隧道的结构力学响应，并建议了隧道基底优化处治深度。郑甲佳等借助有限元数值模拟软件，建立了施工和浸水两种工况的计算模型，并对两者开展了模拟结果对比分析，同时结合现场监测数据，对黄土地铁隧道周围土体和衬砌结构受力及变形特性进行深入探讨研究。可以看出，湿陷性黄土浸水后物理力学性质均发生变化，力学参数的改变对土体介质上部或内部的结构物均会产生不利影响。目前，关于黄土地区浸水湿陷对地铁隧道结构的影响机制尚不明确，无论是周边浸水导致的黄土围岩承载能力降低、围岩压力增大，还是基底浸水导致的不均匀沉降，均会对结构形成附加的不利荷载，如何评价其对隧道影响程度的大小，尚需开展系统的研究。

1.2.5 湿陷性黄土地基处理研究

地基处理是岩土工程领域永恒的话题，对于特殊土地基（软土、膨胀土、湿陷性黄土等）均需要一定的手段进行地基处理之后方可投入使用，目前针对特殊土地基发展出了多种处理手段（如换填法、强夯法、桩基础法等），但每种手段均有不同的使用范围，对于不同的特殊土地层需进行合理选用。湿陷性黄土是典型的特殊土，具有明显的浸水湿陷特征，对上方建筑物的不利影响较为显著。对于湿陷性黄土地基处理目前已取得了大量成果，如任会明总结了湿陷性黄土区采用强夯法进行地基处理的案例，采用理论建模手段进行了系统分析，进而得到了夯能等级与夯实厚度之间的相互关系，并系统研究了强夯法处理湿陷性黄土地基的效果，为强夯法在处理湿陷性黄土地基中的推广应用奠定了基础。何永强等提出了利用生石灰桩膨胀材料处理湿陷性黄土地基的方法，阐述了膨胀法处理地基的基本原理，借助圆柱形孔扩张理论推导了处理大厚度湿陷性黄土地基时生石灰桩处理材料用量的计算方法，通过工程实践应用，得到处理后地基土的物理力学参数，验证了生石灰膨胀法处理湿陷性黄土地基的可行性。付海山阐述了土挤密桩和 CFG 桩处理湿陷性黄土地基的作用机制，建议了施工中应注意的各项要点，通过室内试验和现场试验等手段探讨了土挤密桩和 CFG 桩复合地基法处理湿陷性黄土地基的可行性，结果说明土挤密法和 CFG 在湿陷性黄土地基处理方面均具有较好的效果。王雪浪结合黄土场地现场浸水试验、数值分析和理论研究等手段研究了大厚度自重湿陷性黄土地基的浸水变形规律，并基于复合地基理论对其地基处理方法进行了探讨，阐述了石灰桩复合地基的热固结和温度场-渗流场-应力场相互作用效应，通过现场试验验证了灰土挤密桩和 DDC 在湿陷性黄土地基处理方面的优越性。杨校辉等在厚度大于 36.5 m 的湿陷性黄土场地进行了大规模现场浸水试验，考虑了不同挤密桩处理地基深度、不同孔内深层强夯处理深度，基于试验结果探讨了大厚度湿陷性黄土地基的合理处治深度；另外，对于地上建筑，湿陷土层较小时还可以采用换填法等降低或消除地基土体的湿陷性，一般可达到理想的地基处理效果。

可以看出目前关于湿陷性黄土地基的处理卓有成效，并且形成了针对不同深度湿陷地层的处理方法，但同时可以看出，目前所取得的成果均是针对地上建筑，对于深埋的地下隧道工程而言地基处理的研究相对较少。

1.3 本书主要内容

1.3.1 浸水条件下黄土微观结构演化及湿陷机理分析

浸水条件下非饱和黄土的微观结构演化规律是研究其土水特性、渗透特性和建立多场耦合数学模型的基础。结合现有的研究成果，借助 SEM 和 MIP 试验技术，得到了非饱和黄土在不同含水率、不同压力下的微观结构演化规律，根据观测结果从微观角度出发分析非饱和黄土湿陷变形机理，阐述浸水-荷载耦合作用下土体孔隙比、吸力、饱和度和相对渗透系数的变化关系，明确大孔隙变形下的孔隙体积分布规律，给出浸水孔隙变化条件下的孔隙分布函数，为后续建立考虑孔隙变形的土水特征曲线及渗透系数模型奠定基础；在此基础上，分析黄土浸水湿陷机理，把外荷载和含水率（吸力）看作是黄土湿陷的两个主要诱因，结合 Fredlund 一维变形理论建立一个考虑外荷载和吸力共同作用的非饱和黄土湿陷变形简化计算模型。

1.3.2 浸水条件下黄土的土水特征及渗透特性研究

考虑非饱和黄土的大孔隙特性和湿陷性，通过 15bar 压力膜仪开展原状黄土和不同孔隙比重塑黄土的土水特征试验，得到原状黄土和重塑黄土的土水特征曲线，并参考现有的经典土水特征曲线模型对试验结果进行拟合，发现孔隙变化对非饱和重塑黄土的土水特性影响明显。引入表征非饱和黄土大孔隙特征参数孔隙比 e，在经典 V-G 模型的基础上修正现有模型，建立能够考虑孔隙变化的非饱和黄土土水特征曲线模型，形成饱和度 S_r 与吸力 s 及孔隙比 e 的三维空间曲面。通过不同孔隙比重塑黄土试验数据验证新建模型的合理性，为研究非饱和黄土的渗透特性和水力耦合模型奠定基础。为充分考虑孔隙变化对渗透特性的影响，在所建立的土水特征曲线模型的基础上，结合现有的渗透系数模型，并考虑非饱和黄土的大孔隙性，建立一个考虑孔隙变形的渗透系数模型，描述不同含水率（吸力）和不同孔隙比下非饱和黄土的渗透特性，以此作为描述非饱和黄土的渗流场分析的关键参数，同时也为建立非饱和黄土水力耦合数学模型提供基础。

1.3.3　基于热力学和多孔介质力学的非饱和黄土水力耦合数学模型

L. Boutonnier（2007）提出了土体的四个状态，B. T. Lai（2015）在 L. Boutonnier 的基础上作了简化，以 Olivier Coussy（2004）的多孔介质理论为框架，建立了非饱和至全饱和的转换数学模型。但上述模型仍有缺陷，如假设不饱和状态气体压力等于大气压力，模型将无法模拟土样的不排水行为；假设裹入气体体积为定值，欠缺一定的合理性；上述模型还忽略了孔隙变形时土水特征与渗透特性的变化。为建立一个考虑孔隙变化描述黄土饱和状态演化的数学模型，结合前述建立的非饱和黄土的土水特征和渗透特性模型，以 L. Boutonnier（2007）和 B. T. Lai（2015）的工作为基础，对上述模型进行改进。考虑饱和度变化过程中孔隙变形对土水特性和渗透特性的影响，并在热力学和多孔介质力学的框架内，把非饱和黄土视为固-液-气三相体连续介质的叠加体，建立固-液-气三相转化平衡方程，并假定土中水的渗流符合 Darcy 定律，水-汽转换符合 Henry 定律，从固-液-气三相耦合角度分析非饱和黄土大孔隙中水汽迁移及其对土体力学性质的影响，建立一个能够描述非饱和黄土状态转化的水力多场耦合数学模型，为解释非饱和黄土饱和状态改变时力学性质的变化奠定基础。

1.3.4　非饱和黄土浸水湿陷对地铁隧道影响的试验研究

非饱和黄土的湿陷性对影响范围内地铁隧道多具有不利影响，在前述理论认识的基础上回归到工程实践，以湿陷性地层的地铁隧道工程为例，系统研究湿陷黄土地层不同浸水湿陷工况对地铁隧道结构的影响。采用室内模型试验手段，以浸水湿陷为核心目标首先配制与人工湿陷性黄土相似的模拟材料，实现浸水湿陷量原型与模型的相似，采用有机玻璃模拟隧道衬砌结构，通过传感器量测隧道衬砌周边土压力、弯矩、地表沉降等来评价不同浸水范围、浸水深度以及浸水位置对隧道衬砌的影响程度；分析可能引起地层浸水的各项影响因素及浸水引起的各种不利工况，设计能够实现各种浸水工况模拟的试验模型箱，系统开展浅埋地铁隧道地表局部不均匀浸水和地表全幅均匀浸水、深埋地铁隧道基底局部不均匀浸水和全幅均匀浸水工况的模型试验，分析不同工况下地铁隧道结构受力、位移及地表沉降的变化规律；进而根据试验结果建议地铁隧道湿陷黄土的处治深度，建立非饱和湿陷性黄土隧道基底剩余湿陷量控制标准，为下一步地铁隧道湿陷性基底地基处治提供依据。

1.3.5　湿陷性黄土地铁隧道基底处治优化研究

非饱和湿陷性黄土工程性质特殊，需要经过合适的地基处理后方可投入使用，现行的《湿陷性黄土地区建筑标准》GB 50025 适用于地面工程建设的地基处理，但对于地铁工程而言，完全照搬该规范中的地基处理要求完全处理影响范围内黄土的湿陷性不切实际，且一般认为地铁开挖是一个卸载再加载的过程（卸载量大于加载量），减小的卸载量对地基处理是否有影响也不明确，因此，目前关于地铁隧道湿陷性地基处理尚未建立明确的方法。结合模型试验结果和设计文件资料提出地表三轴搅拌桩处理湿陷性黄土地基方案，首先采用数值分析方法对各项处治参数（桩间距、桩长、处治范围等）进行优化，以地铁隧道结构受力变化和地层沉降变化为评价标准，最终提出适用于非饱和黄土地铁隧道基础处治的优化方案与参数；以数值模拟结果建议的处治措施优化参数为基础，进一步缩小范围，设计不同处理深度和不同桩间距条件下的5组模型试验，最终结合模型试验结果，得到地铁隧道湿陷土层的合理处治措施及最佳优化参数，研究成果可为湿陷性地层地铁隧道设计和完善湿陷性地层地铁隧道基底处理规范提供参考。

第 2 章　浸水条件下非饱和黄土微观结构演化与湿陷机理分析

2.1　引言

自然界中的黄土多处于非饱和状态，非饱和黄土由泥沙经过长期沉积和变异等物理化学过程逐渐形成，具有特殊的大孔隙结构。Q_1 和 Q_2 黄土形成时间较早，沉降固结作用更明显，孔隙特征不发育，常常不具有湿陷性或只具有微小湿陷性；Q_3 黄土形成时间较晚，沉积作用时间较短，发育有大孔隙结构。因此，Q_3 黄土多具有遇水湿陷性特征，还常常表现出自重湿陷性，对工程造成明显威胁，现有研究也多集中在 Q_3 黄土领域。虽然目前关于黄土湿陷机理多有研究，但是黄土成因及结构具有复杂性和多样性，多数专家各持分歧性见解，尚未形成黄土湿陷机理的统一性认识。随着 SEM 扫描电镜及 CT 技术等微观仪器的应用，还有逐步发展起来的 MIP 压汞技术，使得从微观方面研究非饱和黄土的湿陷机理成为可能，截至目前已有多位学者采用 SEM 和压汞技术开展了黄土的微观特征研究，为进一步阐明非饱和黄土的湿陷性、研究非饱和黄土的土水特性、渗透特性和建立合理的非饱和黄土的浸水本构模型等奠定了基础。

本章结合前人关于非饱和黄土微观结构方面的研究成果，进一步阐明非饱和黄土在湿载耦合作用下的微观结构演化机理，明确外力和含水率变化下的孔隙特征演化规律。在此基础上从微观的角度重新认识非饱和黄土的浸水湿陷机理，明确浸水过程中的黄土微观结构演化规律，建立浸水和荷载条件下土体含水率、饱和度、孔隙比和吸力等各项指标的变化关系，提出黄土浸水过程的微观结构湿陷性新认识，最终建立一个以外力变化（荷载作用）和吸力变化（增湿作用）为基础的非饱和黄土湿陷变形简化计算模型，从微观角度明确浸水条件下土体孔隙结构演化规律可为后续几章的土水特征、渗透特性和非饱和黄土浸水本构模型建立提供基础依据。

2.2　非饱和黄土微观结构观测

2.2.1　SEM 扫描电镜

扫描电子显微镜（Scanning Electron Microscope，简称 SEM），原理是利用二次电子信号成像来观察试样的表面形态。自 SEM 电镜扫描技术诞生以来，主要应用于生物医学领域，后来国外学者发现其在岩土工程方面研究的优势，并逐渐引入土力学领域，并主要用于研究观测不同状态土体的微观结构变化，但目前国外学者多以具有双孔结构的黏土研究为主，而关于黄土方面的研究涉及较少。近年来，SEM 技术逐步发展到国内（图 2-1），国内学者逐步开始了黄土的微观结构研究，开展了不同压实度、不同含水率、不同黄土种类的黄土微观 SEM 观测，其结果初步探明了不同条件下黄土的微观结构变形机理，这为从微观结构角度分析非饱和黄土的湿陷性提供了宝贵资料。

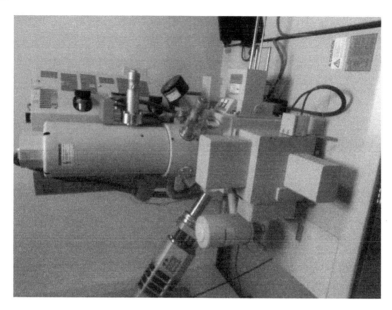

图 2-1　S-8000 场发射扫描电镜

早前就有学者认识到黄土的浸水湿陷特性，并逐渐开展了系列研究。自 20 世纪 90 年代起就有一些学者开展了黄土的现场浸水试验，但限于试验技术手段并未观测浸水后黄土的微观结构。近年来，随着技术水平的提高，学者们开展了黄土浸水微观结构方面的研究，如方祥位等利用电镜扫描技术系统开展了陕西蒲城电厂处，不同地层深度黄土层的 SEM 测试。通过试验观测得到不同地层深度下黄土的微观结构图片，并分析了土体内部土颗粒排列形式及微观结构特征，指出了土颗粒相互之间接触的四种常见形式：点-点直接接触、点-点间接接触、面-面直接接触、面-面间接接触。为阐述湿载耦合作用下黄土的微观结构变化特征，进一步开展了 Q_2 黄土不同荷载条件下浸水前后的微观结构 SEM 测试，结果汇总见图 2-2。分析可发现荷载越大、含水率越高，土体内部大孔隙结构越少，说明土颗粒之间的架空孔隙结构稳定性受外部荷载作用影响较大，且对土体含水率的变化作用敏感，而土颗粒内孔隙对荷载和含水率的敏感作用相对较弱；Q_2 黄土的湿陷峰值压力超过 200kPa，且随着外荷载压力的增大，黄土的灰度熵、欧拉数和孔隙面积比等参数均呈减小趋势，颗粒比表面积、圆形度、定向度、分布分维等参数均呈增大趋势；另外，随着水分浸入土体内部，土体微结构破坏作用加剧，上述各参数将继续减小或增大。荷载与浸水耦合作用下土颗粒

间直径大于 $20\mu m$ 的大孔隙数量明显减少，直径小于 $20\mu m$ 的孔隙数量则明显增加，土体浸水湿陷导致土颗粒间的胶结质发生破坏，土体强度急剧降低，导致其内部的孔隙均发生体积变化，最终结果表现为大孔隙崩塌变成中、小孔隙，而中、小孔隙则进一步崩塌变为更小的孔隙。

(a) 400kPa 浸水前   (b) 400kPa 浸水后

(c) 800kPa 浸水前   (d) 800kPa 浸水后

图 2-2　不同荷载下浸水前后 Q_2 黄土的微观结构

进一步分析图 2-2 还可以看出：Q_2 黄土内部孔隙也为双孔结构（土颗粒间孔隙和土颗粒内孔隙），不同荷载条件和浸水前后，颗粒间孔隙变化较大，说明其土颗粒间大孔隙对外荷载和含水率变化较为敏感，荷载较小时土体颗粒间架空孔隙（大孔隙）较多，随着荷载等级的增大其数量会明显减少，在同一荷载等级下土体浸水后其大孔隙数量会因崩塌作用而显著减少；土体颗粒内孔隙一般体积较小，并且对外荷载和含水率变化作用不敏感，在较大的荷载等级和较高的含水率条件下才会有所变化；土体在小的荷载等级下（200kPa）浸水时，其大孔隙崩塌出现湿陷性，但其湿陷并不充分，随着荷载等级的增加，再次浸水则土体内部孔隙崩塌更加明显，土体湿陷将会更充分，说明架空孔隙（大孔隙）同时受外荷载和含水率作用敏感，工程中对 Q_2 黄土的湿陷性评价，不宜采用常规压力，而应采用实际荷载压力；浸水作用导致土体内部的胶结质连接强度变异，土体内部的架空孔隙（大孔隙）无法维持原来的稳定状态而发生崩塌，但孔隙结构崩塌随着外荷载等级的变化而有所差异，当外荷载较小时当量直径较大的孔隙首先崩塌，当量直径较小的孔隙仍然保持稳定，随着外荷载等级增加，直径较小的孔隙会进一步发生崩塌，因此，小荷载等级和低含水率均会导致土体湿陷不充分，荷载等级与含水率增加土体仍然有进一步湿陷的空间；同时可以看出，土体在低荷载和低含水率时发生湿陷回归到常规状态，当土体在外荷载条件下再次浸水仍然有二次湿陷的可能，且如果二次浸水荷载或含水率高于第一次时，土体二次湿陷变形也可能高于第一次湿陷变形。

　　Q_3 黄土形成年代更近，固结沉降历史更短，与 Q_2 黄土比较而言，具有更加明显的大孔隙结构和更为显著的浸水湿陷性。现有研究表明，Q_3 黄土常常表现出自重湿陷性和浸水多次湿陷性，目前国内也开展了一些 Q_3 黄土的微观结构研究，但关于湿陷机理与多次湿陷机制的认识学者们仍然莫衷一是。谷天峰等首先利用扫描电镜技术开展了 Q_3 原状黄土的微观结构观测（图 2-3），进而又研究了不同荷载等级作用下黄土微观结构变化特征（图 2-4），同时引入 SEM 图像处理中的降噪法和分割法，将

(a) 400倍

(b) 1500倍

图 2-3　Q_3 原状黄土微观结构

(a) 50kPa

(b) 100kPa

图 2-4　不同外荷载下 Q_3 黄土微观结构

Lee 图像增强算法应用于图像的降噪处理，将 FCM 聚类方法应用于灰度图像的分割，基于此探讨了不同荷载等级作用前后 Q_3 黄土的孔隙面积比、颗粒比表面积、圆形度、定向度等参数的变化规律，最终探讨了原状黄土在不同荷载等级作用下的微观结构演化规律，为研究 Q_3 黄土的微观湿陷机制提供了宝贵资料。

结合 Q_3 黄土的微观结构观测资料，进一步分析不同荷载条件下黄土的微观结构演化规律，由图 2-3 和图 2-4 的观测结果可以总结出如下几条规律：原状 Q_3 黄土在小荷载条件下土体内部颗粒排列无序，颗粒之间胶结质连接作用明显，土体内部颗粒之间的架空孔隙（大孔隙）较为发育；随着荷载进一步增加，导致土体内部颗粒间大孔隙压缩明显，孔隙体积减小，大孔隙数目明显减少，颗粒之间接触作用由初始的点-点直接接触逐渐转换为面-面直接接触，土颗粒排列更加紧密，大孔隙压缩土颗粒排列紧密宏观上则表现为土体变形；通过对孔隙定向分布特征的研究可知，原状黄土的孔隙具有定向特性，在循环荷载的作用下，孔隙的定向性发生改变，可以断定，原状 Q_3 黄土受到荷载作用时，土体内部孔隙结构会发生明显改变，荷载作用是引起土体变形的主要诱因，虽然目前还缺乏 Q_3 黄土浸水前后的微观结构观测结果，但由 Q_2 黄土的观测结果可以联想到，浸水也会导致土体内部孔隙结构发生明显改变，大孔隙崩塌，中小孔隙进一步崩塌为更小的孔隙，最终引起土体宏观浸水湿陷变形。

总结目前 Q_3 黄土和 Q_2 黄土的微观结构观测结果，分析图 2-2～图 2-4 可以看出，荷载作用和浸水均会引起土体内部土颗粒间胶结质连接能力减弱，大孔隙稳定性降低而发生崩塌，孔隙体积尺度大大降低，土颗粒排序更为致密，因此，荷载和浸水两因素是引起非饱和黄土湿陷变形的主要原因。荷载等级较小时，同等浸水量条件下湿陷变形较小，随着荷载等级的增加，土体内部孔隙崩塌更加充分，土体宏观变形随之增大；同等荷载等级条件下，浸水越充分，土体湿陷变形越明显，水分浸入土体内部导致其胶结质强度降低，大孔隙稳定性遭到破坏，并逐渐崩解为更小的孔隙；另外，土颗粒间孔隙变形对荷载和浸水具有更高的敏感性，土颗粒内部孔隙则不敏感；同时还可以看出，土体浸水达到一定程度时，颗粒间孔隙就开始崩塌，土体浸水湿陷变形开始显现，此时若含水率降低，则颗粒间孔隙可能继续维持稳定，湿陷变形停止，若继续浸水或下一次浸水超过初次浸水量时，则随含水率增加，土体颗粒间孔隙稳定性再次减弱，孔隙结构进一步崩塌，宏观上表现为湿陷变形增加或二次浸水湿陷变形，即需要注意到，土体达到某一含水率就开始湿陷，而不是达到饱和才会湿陷，湿陷量与含水率和荷载相关。整体来看，目前关于非饱和黄土不同荷载条件下浸水前后的 SEM 观测资料还比较缺乏，这方面的研究还需要大量的资料积累。

2.2.2　压汞试验

压汞试验技术是一种近年发展起来的研究介质微观结构孔隙的主流手段，压汞仪多用来测定粉末和固体的物理孔隙特性，采用 Windows 软件进行实时显示，且具有完备的自动清零、校正检查及安全监测等功能，一般最高工作压力可达 60000PSI，孔径识别分析范围为 440um 至 3.6nm，完全满足多孔材料的孔径分布、孔隙体积、比表面积、堆积密度、表观密度、孔隙度、颗粒分布及相关特性的测试要求。近年来，国外学者率先引入土力学中并应用来研究非饱和土体的微观结构孔隙特征，随着学者们认可度的提高，压汞试验技术在土体微观领域研究中也逐渐得到普及应用。目前，国内学者也应用压汞技术对各种土体开展了大量的试验研究，取得了第一手宝贵资料，为非饱和黄土孔隙特征研究提供了初始资料。压汞技术的原理：鉴于非亲水性液体在外部高压下会逐渐浸入介质内部孔隙，非亲水液体浸入量与浸入速率与介质内部孔隙结构密切相关，依据此原理选择汞这一非亲水材料，并对汞施加外部额定压力，在挖补额定压力下使得汞材料能够进入所要测试的多孔介质材料内部，根据外部施加压力、压入的汞量和进汞速率等即可得到介质的内部孔隙体积、孔隙直径等参数，施加的外部额定压力与介质的内部孔隙直径、介质与汞材料的接触角、汞材料的表面张力等参数有关。假设介质内部的孔隙为圆柱形，并假定介质内部小孔的半径和高度，则单位体积介质体可进入汞材料的比表面积可通过式（2-1）计算得到：

$$A = 2\pi r l \tag{2-1}$$

式中，r 为小孔半径；l 为小孔高度。

随着汞材料在额定外压条件下进入介质内部孔隙中，汞会受到介质体内部的表面张力阻力作用，则额定外压下阻止汞进入介质孔隙内部的表面张力对汞所做的功可由式（2-2）得到：

$$W_1 = -2\pi r l \gamma \cos\theta \tag{2-2}$$

式中，参数 θ 代表汞与介质内部颗粒的面接触角；γ 为介质内部孔隙产生的表面张力。

随着额定外压的进一步增大，汞逐渐浸入介质内部孔隙中，则施加的额定外压对汞所做的功表达为式（2-3）：

$$W_2 = P\pi r^2 l \tag{2-3}$$

额定外压所做的功与介质内部孔隙表面张力阻力所做的功相等，有 $W_1 = W_2$，结合式（2-2）和式（2-3）则得到：

$$P \cdot r = -2\gamma\cos\theta \tag{2-4}$$

式中，P 为额定外压力；r 为介质内部孔隙半径；θ 为汞与介质颗粒接触角，一般可取 $140°$；γ 为汞浸入介质内部孔隙时的表面张力，常规取为 0.48N/m。

公式（2-4）即为瓦什伯恩方程，由上式可以看出在 θ 和 γ 不变的前提下，随着额定外压的逐渐增大，汞将会在外压作用下逐渐进入介质内部孔径更小的孔隙，因此，通过压汞试验进汞量可以得到不同介质内部的孔隙结构分布特征。

压汞试验技术在国外运用已经比较普遍，但是国外学者多以研究黏土的微观结构为主，如 Monroy 等采用压汞技术（Mercury Intrusion Porosimetry，MIP）观测了不同条件下的进汞量和进汞速率；Lapierre 等采用压汞试验技术分别研究了不同等级的固结压力下原状土和重塑土的微观孔隙分布规律；孔令荣等也开展了 MIP 试验，通过试验对比了未施加荷载土体和单轴加载回弹后土体的孔隙比变化。但目前国内对非饱和黄土开展的压汞试验数据还比较缺乏，而黄土内部发育的大孔隙特征正适合采用压汞试验开展相关研究。同济大学的蒋明镜教授团队在这方面率先开展了研究，首先对原状黄土和重塑黄土开展了不同应力路径下的试验研究，在此基础上采用压汞试验进汞量计算探讨了不同应力路径作用前后原状和重塑土体的微观孔隙演化规律，阐述了两者的宏观力学性质与内部微观孔隙结构的相关关系。压汞试验结果显示：不同应力路径试验未开展时原状黄土和重塑黄土具有类似的孔隙分布结构，两者均呈现双峰现象，即原状黄土和重塑黄土土体内部均为双孔结构。当土体含水率 $w=15\%$，并保持其含水率不变时，对土体开展应力路径试验，再进行压汞试验，发现原状土和重塑土的微观孔隙结构也类似，但随着含水率提高并接近饱和状态时，开展不同应力路径试验后，原状土和重塑土的微观孔隙分布规律差异明显，但不同应力路径作用主要对粒间架空孔隙结构改变作用明显，对颗粒内孔隙作用不是很明显；常规三轴试验时，保持含水率不变进行试验，发现土体介质颗粒间孔隙体积出现减小现象，而减围压三轴试验，保持含水率不变，土体介质颗粒间孔隙体积则出现增大现象，在相同的固结压力下，固结不排水减围压三轴试验土体内部颗粒间总体积明显大于常规三轴试验土颗粒间孔隙总体积；原状黄土含水率较小时，低围压条件下常规三轴剪切试验试样没有发现明显的剪切带，并且土样内部不同测试部位的孔隙分布基本一致；原状黄土和重塑黄土同一应力路径下的孔隙分布规律说明土体胶结质的胶结作用、颗粒间基质吸力和颗粒间孔隙比等参数对土体的强度和变形有着重要影响作用。

文献 [57] 给出了黄土不同应力路径试验后非饱和黄土每克试样的累积进汞量与孔隙直径的关系、每克试样进汞量体积增量与土体孔隙直径之间的关系以及应力路径前后孔隙体积分布规律曲线（图 2-5）。进一步分析可看出，不论是否经历过不同应力路径的荷载作用，非饱和黄土每克试样的进汞量随着入口孔隙直径增加逐渐趋于稳定，经历过不同应力路径作用后，进汞量稳定值发生变化，同一应力路径时，重塑黄土的进汞量稳定值要大于原状黄土，说明原状黄土内部孔隙连通率较低，阻碍了汞进入土体内部，进汞量不只是与孔隙体积有关还与孔隙联通程度相关；图 2-5(b) 显示进汞体积增量随孔隙直径呈现双峰现象，这与黏土的试验曲线类似，说明黄土内部也应是双孔结构分布，同一应力路径下，重塑黄土进汞体积增量峰值大于原状黄土，说明重塑黄土受扰动后结构性降低，汞进入土体内部更加容易。进一步分析图 2-5 还可以看出，不论何种应力路径重塑黄土的每克样品累积进汞量随入口直径的增加稍微大于原状黄土，说明原状黄土存在一定的结构强度，这种结构性会阻碍汞进入土体内部，所以累积进汞量偏小于重塑黄土；且无论是原状黄土还是重塑黄土，经过不同应力路径试验后，土体内部结构性和孔隙结构均破坏明显，土体进汞量会出现明显差异；由进汞体积增量随孔隙直径变化曲线可以看出，非饱和黄土的孔隙直径多集中在 10^{-2}mm 附近，原状黄土曲线峰值偏大于重塑黄土，且其峰值对应的孔隙直径也偏大，说明原状黄土具有大孔结构，而重塑黄土受到扰动大孔隙结构被破坏发展成为更小的孔隙，导致进汞体积增量峰值要小于原状黄土，且对应的孔隙直径也偏小；由孔隙分布曲线可以看出，土样孔隙直径介于 $10^{-6}\sim10^{-1}$mm 之间，同一应力路径下，重塑黄土的孔隙直径要略小于原状黄土，不同应力路径下无论原状黄土还是重塑黄土的孔隙直径差异均较大。

　　综上所述，现有的非饱和黄土压汞试验结果表明，非饱和黄土属于双孔结构土体，但颗粒间孔隙占比较大，颗粒内孔隙占比较小，其内部颗粒间孔隙分布受荷载（应力路径等）影响明显，颗粒内孔隙受荷载影响不明显，原状土体结构性存在会影响进汞量和进汞速率，重塑土体结构性破坏后，进汞量和进汞速率均有所改变，在后续分析其湿陷机理时应适当考虑结构性的影响。整体来看，目前关于非饱和黄土压汞试验的研究还比较缺乏，随着测试手段的发展，后续应多开展类似方面的工作，积累资料发现更普遍的适用性规律。

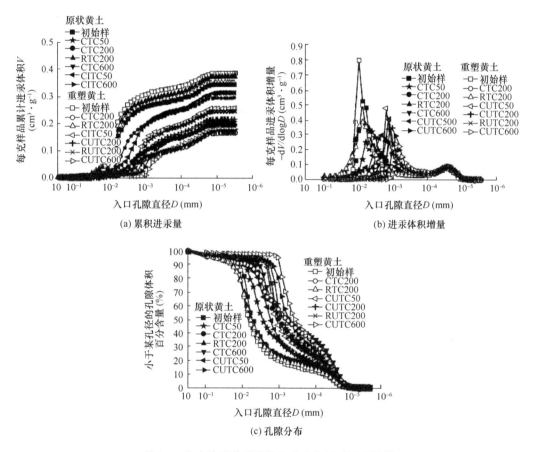

图 2-5　应力路径前后非饱和黄土的压汞试验结果

　　随着更先进的测试技术的发展，从微观角度观测非饱和黄土的结构变化，并运用理论开展建模分析已经成为主流，但是目前学者多以黏土为对象展开研究，而关于非饱和湿陷性黄土方面的研究还比较缺乏。明确湿陷性黄土浸水后的微观结构演化机理是开展黄土增湿本构关系等一系列研究的基础，另外随着微观测试手段的发展，基于浸水微观变化的黄土湿陷特征研究也迎来了新的契机，本章后续在此基础上提出基于微观角度的非饱和黄土湿陷性新认识，并建立湿陷变形计算模型。

2.2.3　非饱和黄土微观结构演化规律总结

　　基于目前的研究成果可以总结出如下几条规律：SEM 观测结果显示，外荷载增加和含水率增大均会造成原状黄土微观结构大孔隙的破坏，破坏规律为先从孔隙直径较大的孔隙开始崩塌，一定外荷载或一定含水率条件下大孔隙分解为中孔隙，随着外荷载和含水率增加，中孔隙会进一步崩解为更小的孔隙，宏观上表现为土体湿陷变形加剧，土体在一定荷载作用下，含水率达到一定值时就开始发生湿陷，并非需要达到饱和才开始湿陷，湿陷程度与外荷载和含水率密切相关，黄土湿陷变形评价应综合考虑荷载与含水率的耦合作用。压汞试验结果说明黄土内部孔隙结构与黏土一致，也是双孔结构（颗粒间孔隙和颗粒内孔隙），但外荷载和含水率变化主要影响土颗粒间孔隙，而对土颗粒内孔隙影响不大，在后续研究中可以颗粒间孔隙变形影响为主，忽略颗粒内孔隙变形的影响，进汞量和进汞速率除与土体孔隙体积有关外，还与土体结构性相关。原状黄土结构性较强，孔隙联通率较弱，进汞量和进汞速率均较小；重塑黄土结构性遭到破坏，孔隙联通率增强，进汞量和进汞速率均大于原状黄土。另外，应力路径也会对土体内部孔隙结构造成影响，导致经历不同应力路径的土体进汞量和进汞速率有所差异。因此，研究土体内部孔隙变化应考虑荷载应力路径的影响。目前，黄土浸水前后的压汞试验资料尚处于空白阶段，但考虑到黄土浸水孔隙变化明显，压汞试验的进汞量和进汞速率必然受到影响，因此，在土体微观孔隙研究中含水率也是需要考虑的重要因素。分形理论的应用使得采用数学方法来描述黄土微观孔隙结构成为可能，但目前研究多以土体某一状态为假定开展建模，尚不能考虑外荷载和浸水条件下，土体孔隙结构的演化规律对分维数的影响。而 SEM 和压汞试验均表明外荷载和含水率是土体微观孔隙结构变化的重要影响因素。考虑荷载和浸水耦合作用的分形理论研究还需要很多工作，可以说目前关于黄土微观孔隙结构的研究还不够深入，不同荷载条件、不同浸水工况下，原状或重塑土的微观结构观测，以及孔隙分布演化均不明确，采用数学方法来描述这一规律也存在空白，而黄土又是孔隙性敏感的土，明确土体在不同条件下的微观孔隙变化规律就为解释黄土的湿陷变形机理提供了理论基础，因此，上述方面研究还需做更深入的工作。

2.3 基于微观角度的非饱和黄土湿陷机理分析

2.3.1 湿陷状态描述

关于非饱和黄土湿陷机理研究由来已久，但截至目前仍未形成统一认识，许多学者根据自己的认识提出了多种湿陷机理解释。如一些学者提出了水膜滑移论，认为土体由土颗粒和粘结介质构成，当具有湿陷性的黄土浸水增湿后，土颗粒之间会被水分浸入，水分溶解颗粒间的黏结介质导致土颗粒之间的黏聚力大大下降，最终造成孔隙稳定性破坏，土颗粒之间发生相对滑移，从而宏观上表现为土体发生湿陷。而另一些学者则认为湿陷发生是由于黄土中存在大量易溶于水的无机盐，当土体含水率较低时，易溶盐析出强度较高，可保证土颗粒之间的粘结作用；同时，土体具有明显的结构性，但当水分浸入土体后大量易溶盐溶于水，强度大大降低，黏聚力失效，导致土颗粒间孔隙发生崩塌，最终表现出湿陷性，同时土体的结构性遭到破坏，土体的湿陷程度与浸水量导致的易溶盐溶解率有关。还有学者认为非饱和土浸水导致的内部吸力变化是导致土体湿陷的根本原因，土体含水率较低时，土体内部颗粒间吸力较大，土颗粒由于较强的吸附力而表现出较大的强度，但是当湿陷性黄土浸水时，土体内部含水率逐渐增加，根据土水特征曲线可知土体内的吸力作用逐渐减弱，因此认为土颗粒间的连接作用减弱，土颗粒之间在外荷载作用下（有的在自重作用下）发生相对位移，最终表现为宏观湿陷现象，含水率改变导致的颗粒之间吸力的变化是土体湿陷变形的根本原因。随着 SEM 和 CT 技术的发展，学者们逐渐认识并接受黄土具有多次湿陷的特性，目前的研究仍未解释黄土多次湿陷的原因。在前人的研究基础上，进一步分析黄土湿陷机理，从微观角度提出黄土多次湿陷的新认识，明确浸水过程与失水过程中，含水率（饱和度）、吸力、孔隙比、相对渗透系数等参数之间的相互变化关系，并指出含水率和外力是导致湿陷的关键因素，同时从微观角度和含水率（饱和度）、吸力、孔隙比、相对渗透系数等参数变化方面解释黄土发生湿陷的原因，为下一步建立黄土简化湿陷计算模型奠定基础。

以非饱和黄土的浸水增湿过程为例，选取某一代表体积单元（REV），考虑含水率改变引起的吸力变化，从微观的角度分析湿陷变形的形成原因。非饱和黄土由土颗粒、胶结质及孔隙组成，土颗粒形成集合体，孔隙分为集合体间孔隙和集合体内孔隙（影响较小不予考虑），随着含水率的增加，孔隙中不断充满水，土体由非饱和状态转变为饱和状态。非饱和黄土从初始含水率到饱和状态发生湿陷变形可分为三个阶段，四个状态，图 2-6 给出了各阶段状态时微观孔隙变化与宏观变形的关系：第一阶段为初始状态至初步浸水湿陷阶段，由图 2-6 可看出，初始状态的非饱和黄土为土颗粒夹杂颗粒间架空大孔隙和集合体内孔隙，低含水率时，土体吸力较大，土颗粒间的胶结质强度较高，能够保证架空孔隙的强度。随着含水率增加，胶结质开始逐渐软化，吸力也随之减小，此时较大的架空孔隙无法保持原来的形状，开始从大到小逐渐崩塌，直到完全饱和时，架空孔隙完全崩塌。但是需要注意的是，并不是土体达到完全饱和才会发生湿陷，而是含水率达到一定值，土体就开始湿陷，这与增湿变形的概念相吻合。第二阶段为含水率增加到某一值时，施加外部荷载造成架空孔隙进一步崩塌，集合体内孔隙也发生压缩变形，从而表现出外荷载作用下的湿陷变形。值得注意的是，增湿和外荷载常常同时作用于土体上，因此，两者是耦合发生的，在下文建立计算模型时，应充分考虑两者的耦合作用，但是为了分析湿陷变形，将两者分开来单独考虑。第三阶段为土体二次湿陷阶段，此阶段土体干燥后二次浸水，此时土颗粒由于第一次浸水发生了部分溶解，土颗粒体积减小，二次浸水时，胶结质进一步溶解充分，表现出了二次湿陷变形。由以上分析可看出，非饱和黄土湿陷是发生在浸水和外荷载作用下的，并且两者在湿陷过程中具有耦合作用，如何恰当地考虑两者的作用对于建立准确的湿陷计算模型具有重要意义。

图 2-6 还描述了非饱和黄土浸水湿陷过程的四个状态、分别命名为初始状态、一次浸水、荷载作用和二次浸水，为了使得解释更明确，这儿把浸水和荷载作用两个过

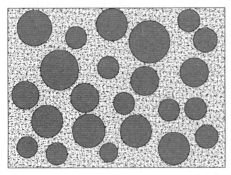 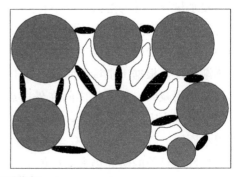

(a) 状态1 (初始状态)

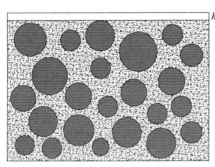 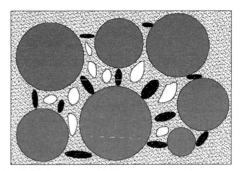

(b) 状态2 (浸水饱和状态)

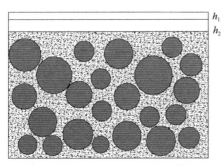 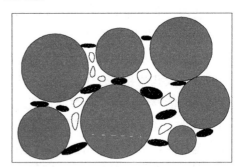

(c) 状态3 (荷载压缩状态)

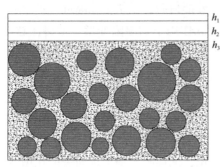 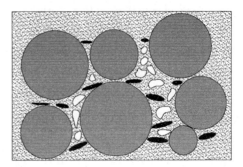

(d) 状态4 (二次浸水)

图 2-6　黄土宏观湿陷与微观变形示意图

程分开说明，现实中两者可能耦合作用于土体。状态 1 即初始状态时，从微观角度看，非饱和黄土含水率较低，土中分布有许多结构性架空孔隙（大孔隙），孔隙与土颗粒之间分布有粉粒和胶结质，胶结质在低含水率条件下具有较高的强度，能够维持土体内部大孔隙的结构稳定，土颗粒形态也相对稳定，宏观表现为低含水率的非饱和黄土具有较高的强度和较强的结构性。随着非饱和黄土中含水率增加，水分逐渐浸入土体内部，胶结质强度对含水率变化非常明显，含水率的逐渐增加导致维持土颗粒和大孔隙稳定的胶结质逐渐溶解破坏。另外，随着含水率增加，土体颗粒间的基质吸力也减小，相互之间的稳定性减弱，在土体的自重应力下，土颗粒间的大孔隙开始崩解为更小的孔隙，并进一步达到平衡，此时认为土体处于状态 2，即土体浸水饱和状态，宏观上表现为随着非饱和黄土含水率的增加发生自重湿陷，湿陷由某一含水率开始发生，直到饱和状态湿陷量达到最大，湿陷变形量为 h_1。当土体达到饱和完全湿陷后，如若施加外荷载，微观上土颗粒和崩解胶结质之间的小孔隙将进一步被压缩，宏观上看土体将进一步增加变形，变形量为 h_2，变形总量可表示为 $h_1 + h_2$。需要注意的是，荷载施加时机不确定，可能是初始状态就有外荷载，也可能是土体达到饱和状态才施加外荷载，一般土体浸水湿陷和外荷载作用的变形会同时发生，此处分开考虑，是为了更清晰地说明土体湿陷变形过程，也为下一步建立增湿和荷载耦合作用下的非饱和黄土湿陷计算模型提供方便。当土体干燥后土体内部含水率降低，颗粒间胶结质重新形成一定强度。另外，含水率降低使得土颗粒间的基质吸力增大，颗粒间相互作用加强，颗粒间空隙重新保持结构稳定，宏观上表现出土体整体强度增加，但随着土体二次浸水，土体含水率增加，胶结质强度和颗粒间吸力作用均减弱，孔隙结构无法维持稳定，会进一步崩解为更小的孔隙，宏观上土体表现出二次浸水湿陷变形，变形量为 h_3，一般来说二次浸水湿陷量 h_3 要小于初次浸水湿陷量 h_1。

2.3.2　参数演化关系

2.2 节中现有研究成果指出，非饱和黄土多为双孔结构土体，由于两种孔隙受渗流-变形耦合作用的敏感程度不同，双孔隙结构土在浸水湿陷过程中微观结构的演化显得更加复杂。在分析非饱和黄土浸水增湿微观结构变化机理的基础上，进一步给出浸水过程中，孔隙比 e-含水率 ω 的关系，孔隙比 e-吸力 s 的关系，饱和度 S_r-吸力 s 的关系，相对渗透系数 k_r-吸力 s 的关系，结合前文定义的非饱和黄土浸水和荷载下的四个状态，将其浸水过程大致分为三个阶段，并从微观和宏观角度分析各个阶段非饱和黄土的各个指标的变化过程，明确孔隙比 e-含水率 ω-吸力 s-饱和度 S_r-相对渗透系数 k_r 等的浸水演化规律，为解释黄土的浸水湿陷变形及二次湿陷变形提供理论支撑，也为下一步建立计算模型提供理论支持。

首先确定各个参数指标的定义：

孔隙比：$e = \dfrac{V_v}{V_s}$，此处孔隙体积 V_v 应当包含土颗粒间孔隙（inter-aggregates pores）和土颗粒内孔隙（intra-aggregates pores）；

吸力：$s = u_a - u_w$，即只考虑为传统的基质吸力，u_a 为孔隙气压力，u_w 为孔隙水压力，S_{air} 为进气吸力；

饱和度：$S_r = \dfrac{V_w}{V_v}$，V_w 为孔隙水所占体积；

相对渗透系数：$k_r = \dfrac{k_u}{k_s}$，其中，k_u 为土体非饱和状态的渗透系数，k_s 为土体完全饱和状态的渗透系数。

根据参数的定义及对浸水过程湿陷状态的分析，图 2-7～图 2-10 分别给出了浸水过程中孔隙比与含水率关系、孔隙比与吸力关系、饱和度与吸力关系、相对渗透系数与吸力关系。结合图 2-7～图 2-10 可以看出，阶段 1 为非饱和黄土初次浸水增湿阶段，此阶段由状态 1（初始状态）开始到状态 2（浸水饱和状态）结束。假定初始状态孔隙比为 e_0，对应的含水率为 ω_0，吸力为 s_0，饱和度为 S_{r0}，相对渗透系数为 k_{r0}，随着含水率的不断增加，颗粒间胶结作用减弱，土体内部大孔隙逐渐破坏。当土体达到浸水饱和状态时的孔隙比为 e_{s1-1}，含水率为 ω_s，此时土体内孔隙气压力 u_a 为 0，根据吸力的定义 $s = u_a - u_w$，则浸水饱和状态的吸力为 $-u_w$。随着浸水过程的继续进行，吸力逐渐减小，吸力减小降低了土颗粒之间的胶结力，也为湿陷发生提供了一定条件，此时土体饱和度达到 1，渗透系数即为饱和土渗透系数，相对渗透系数也为 1。

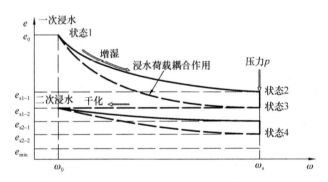

图 2-7　孔隙比与含水率关系

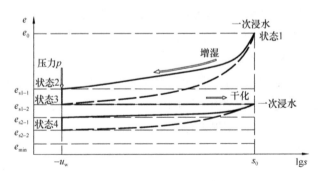

图 2-8　孔隙比与吸力关系

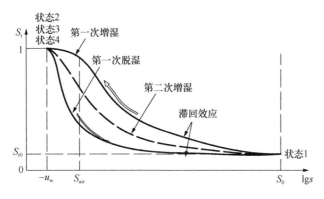

图 2-9　饱和度与吸力关系

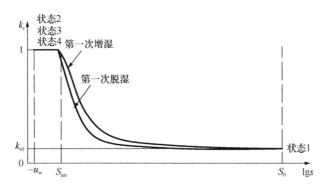

图 2-10　相对渗透系数与吸力关系

阶段 2 为考虑外荷载的压缩作用阶段。阶段 1 的浸水饱和状态湿陷是不考虑外荷载发生的，即为黄土的自重湿陷，此时土体内部胶结质崩解，大孔隙结构崩塌，但是孔隙仍具有很大的压缩性，在浸水饱和状态施加外荷载 p 时，土体将进一步压缩，土中孔隙比进一步减小为 e_{s1-2}，此时非饱和黄土达到状态 3（荷载作用），土体含水率保持为饱和状态的含水率 ω_s 不变，此时饱和度也仍为 1，土颗粒间吸力保持不变，但由于压缩导致的孔隙比改变，渗透系数也可能发生变化，但相对渗透系数仍保持为 1。此处为了分析方便，假定荷载在浸水饱和时才施加，但实际中荷载可以在任意含水率时施加，因此，实际中荷载与含水率对土体湿陷的影响可能同时存在。

阶段 3 为二次浸水湿陷阶段，土体由饱和状态干化为初始含水率状态，干化过程中孔隙比保持不变，饱和度逐渐减小，吸力逐渐增大，渗透系数逐渐减小，相对渗透系数也逐渐减小，达到一定含水率时保持稳定，此时土体内部吸力存在及胶结质强度提高，土体具有较好的稳定性，当土体二次浸水时，与第一次过程类似，含水率增加，吸力逐渐减小，土体中胶结质进一步分解，孔隙体积进一步减小，在外荷载作用下土体内孔隙进一步压缩，最终达到状态 4，此时孔隙比为 e_{s2-2}。一般而言，第二次湿陷孔隙崩塌变形量和体积压缩量均小于第一次，宏观上表现为黄土二次湿陷变形量小于一次湿陷变形量，但如果第一次湿陷含水率较小，饱和不充分，而第二次浸水充分，土体完全饱和，也可能第二次湿陷量大于第一次湿陷量。同理，非饱和黄土也可能由于每次湿陷均未达到饱和湿陷，从而表现为多次浸水仍会发生湿陷。

2.3.3 微观角度湿陷机理分析

综上所述，非饱和黄土湿陷变形过程可分为三个阶段、四个状态，浸水增湿和外荷载作用是引起黄土湿陷变形的两个主要诱因。浸水增湿会明显改变土颗粒间的基质吸力，吸力减小使得颗粒间相互连接作用减弱，大孔隙稳定性变弱而发生崩解。另外，浸水作用还会溶解颗粒间无机盐胶结质导致颗粒间胶结强度降低，这都会降低非饱和黄土的结构强度，导致颗粒间大孔隙无法维持原来的稳定而崩塌为更小的孔隙，宏观上表现为土体浸水增湿变形；另一方面，外荷载作用会进一步破坏土体的结构强度，土体内部颗粒间孔隙被进一步压缩，原先可以维持稳定的中小孔隙也可能受外荷载作用发生崩解，土颗粒排列更为致密，宏观上也表现为荷载引起的土体变形，实际中两个因素同时耦合作用于土体，表现为外荷载作用下非饱和黄土发生浸水增湿变形，因此，浸水导致的吸力改变和外荷载作用是导致土体湿陷变形的主要因素。结合以上结论，下面以吸力（含水率变化）和外荷载为主要因素，结合 Fredlund 一维变形理论，分析非饱和黄土在湿载耦合作用下的湿陷变形简化计算模型。

2.4 考虑吸力变化和荷载作用的非饱和黄土浸水湿陷变形计算

由于非饱和黄土天然沉积形成的是大孔隙结构，在建筑荷载或自身重力作用下黄土常常具有浸水湿陷性。黄土的湿陷性对工程多有不利影响，如黄土路基的浸水不均匀湿陷会对路面产生附加不均匀应力，导致路面开裂冒浆等病害；黄土隧道地基的浸水湿陷可能造成隧道的不均匀附加变形，威胁运营安全。研究黄土的湿陷性可为控制黄土湿陷变形提供理论支持。目前，学者对黄土的湿陷性变形量已经开展了大量研究，最直观的方法有现场浸水试验和室内湿陷测试。现场测试结果可靠，但是成本高，室内试验简单可操作、成本低，但由于对黄土湿陷微观机理认识的不足以及现场取土扰动等原因，导致这两种方法产生了较大的差异。另外，《湿陷性黄土地区建筑标准》GB 50025—2018 提出了地层湿陷量的经验计算方法，但标准给出的方法也是以试验测定的湿陷系数为基础进行计算，在无实测资料时，需要进行经验取值，结果与实际湿陷量相比误差也比较大。

2.4.1 规范方法

为评价湿陷性黄土场地的湿陷等级，《湿陷性黄土地区建筑标准》GB 50025—2018 给出了自重湿陷量的计算方法，规定：

$$\Delta_{zs} = \beta_0 \sum_{i=1}^{n} \delta_{zsi} h_i \tag{2-5}$$

式中，Δ_{zs} 为自重湿陷量计算值；δ_{zsi} 为 i 层土体的自重湿陷系数；h_i 为 i 层土体的厚度；

β_0 为地区修正系数，缺乏资料时按经验取值（标准建议：陇西取 1.5，陇东-陕北-晋西北取 1.2，关中取 0.9，其他地区取 0.5）。

按标准计算时，一般认为黄土湿陷是在完全饱和状态下测出的，但大量浸水试验发现，即使长期浸水后湿润锋以下的黄土也处于非饱和状态，且表明土层含水率未达到饱和状态即可发生湿陷变形，而非饱和区无论是湿陷起始压力还是湿陷系数和室内测试条件均不同。湿陷性黄土在一定压力下，含水率增加会产生湿陷变形，可称之为非饱和湿陷，也有学者称之为增湿变形。当含水率达到饱和时的沉降量为饱和湿陷量，即常用来计算湿陷系数的变形量，但实际情况中，土体在某一含水率时就开始发生湿陷，且随着含水率的增加，浸水湿陷变形量不同，因此，采用标准给出的方法计算湿陷变形与室内试验得到的湿陷变形值一般会产生较大偏差。标准规定黄土湿陷系数测试方法分为单线法和双线法，单线法模拟特点与工程实际浸水更为相似，而双线法模拟特点与实际情况有所差异，但双线法试验更为简便，便于试验及分析。张茂花等分别开展了双线法和单线法湿陷试验，结果表明单线法与双线法试验结果也有所不同，给出了采用单线法开展湿陷试验与实际结果更为相符的结论。实际工程中，黄土地层湿陷性评价方法主要分为室内试验和现场试验两种，作为场地湿陷类型评价指标的自重湿陷量，可根据室内压缩试验测定的自重湿陷系数计算获得（称为"计算值"），也可根据现场试坑浸水试验实测获得（称为"实测值"）。但由于黄土成因特殊性与复杂性，及测试方法和计算方法的固有差异，黄土自重湿陷量计算值与实测值之间往往误差明显。由于现场浸水试验测定的土体属于未扰动的原状土，且试验范围较大，认为能较好地反映土体微观结构对土体的影响，一般认为现场浸水试验得到的自重湿陷量（实测值）准确可靠。因此，标准给出的湿陷量计算方法无法考虑浸水但不饱和条件下的湿陷值，并且各层土体的湿陷系数测点也必然存在误差，各地区修正系数的取值也是由大量统计资料得出的，运用到某一地区时也带来系统的误差。综合以上因素可知，采用规范给出的方法进行湿陷量计算虽然简单，但常常与现场测试得到的结果存在较大误差，目前黄土湿陷变形计算需要更可靠的理论支撑。

2.4.2　考虑吸力和荷载变化的计算方法

目前，对黄土湿陷的微观机理尚未达成统一，张苏民认为含水率导致的吸力变化是湿陷的主要因素，在增湿过程中，由于含水率增加导致的吸力降低并没有导致试样发生变形，孔隙比也保持不变，而实际中增湿含水率变化会导致孔隙结构变化，进而导致土体的土水特性发生改变，故以非饱和土力学理论研究湿陷性黄土的湿陷变形特性时，水-力耦合作用下增湿变形及持水特性的改变应同时是研究的重点。在充分认识非饱和黄土微观湿陷机理及土水特征的基础上，考虑含水率变化引起的变形和吸力变化引起的变形两部分，建立针对非饱和黄土的增湿变形计算模型。工程实践和现有研究结果均表明，非饱和黄土湿陷主要发生在竖直方向，水平方向的变形忽略不计，因此，计算黄土的增湿变形时可简化为一维压缩问题。外荷载一般考虑为土体自重和建筑物荷载，吸力变化通过非饱和土含水率变化时的土水特征曲线确定。

Fredlund 研究指出，只考虑竖直一维方向时，非饱和黄土湿陷变形量可表述为外荷载引起的变形和吸力变化引起的变形：

$$d\varepsilon_y = d\varepsilon_1 + d\varepsilon_2 = \alpha_1 dp' + \alpha_2 ds \tag{2-6}$$

式中，$d\varepsilon_1$ 为外荷载引起的变形量；$d\varepsilon_2$ 为吸力引起的变形量；α_1 为应力变形模型参数；α_2 为吸力变形模量参数；p' 为有效应力，考虑非饱和土有效应力的定义，有 $p' = p - u_a$；s 为基质吸力，$ds = u_a - u_w$。

非饱和黄土处于较低的含水率时，土体结构强度较高，土体承受外荷载的能力较强，此时外荷载对土体作用发生的变形可近似认为非线性弹性变形，此时由于土体含水率不变，吸力也保持不变，故认为此时吸力引起的变形量为零，而 Reznik 曾提出用抛物线关系式来描述非线性弹性应力应变关系，当土体仅仅作用外荷载时，土体应变表示为：

$$\varepsilon_1 = \frac{H_1 - H_0}{H_0} \tag{2-7}$$

式中，H_1 为外荷载作用下土样的高度，H_0 为土样的初始高度。以抛物线函数关系来描述土体应变则有：

$$\varepsilon_1 = A(p')^2 + Bp' \tag{2-8}$$

对式（2-8）求导得到：

$$d\varepsilon_1 = (2Ap' + B)dp' \tag{2-9}$$

根据定义的变形量计算公式：

$$d\varepsilon_y = d\varepsilon_1 + d\varepsilon_2 = d\varepsilon_1 + 0 = (2Ap' + B)dp' \tag{2-10}$$

可知应变变形模型参数 α_1 为：

$$\alpha_1 = 2Ap' + B \tag{2-11}$$

不考虑外荷载作用时（即外荷载作用引起的变形 $d\varepsilon_1 = 0$），含水率变化引起吸力变化，此时土体的湿陷变形量只与吸力变化有关，则有：

$$d\varepsilon_y = d\varepsilon_1 + d\varepsilon_2 = 0 + \alpha_2 ds \tag{2-12}$$

变形模量参数 α_2 为含水率不变时的应力-吸力曲线的导数。

可看出 α_1 可由参数 A、B 得到，参数 A、B 由室内试验的应力应变曲线获得，α_2 由应变-吸力曲线得到，即模型参数均可以由室内试验确定。

浸水与荷载共同作用下的土体宏观变形量，可由有限元思想进行近似计算，将荷载或浸水量离散为 n 个区间，分别计算每个区间的变形量，叠加后得到总的变形量为：

$$\varepsilon_y = \sum_{i=1}^{n} d\varepsilon_{y_i} \tag{2-13}$$

式（2-6）和式（2-13）即为考虑吸力变化和外荷载作用的非饱和黄土湿陷变形计算模型。需要注意的是，在湿陷变形计算时分层厚度关系着计算结果的精度，土体分层越多，计算结果越准确，但是可以看出，运用上式计算时，需要首先确定模型中的参数 α_1 和 α_2，α_1 需要通过室内剪切试样的应力应变曲线得到，α_2 由应变-吸力曲线确定，分层越多，需要做的室内试验工作量就越大，同时模型计算精度也越高，因此，在模型应用时可适当地简化分层，减少需要确定的模型参数个数。考虑土体的二次浸水湿陷时，同样可用式（2-5）和式（2-11）进行计算，不同的是土体参数的标定存在差异。

以某一土层为例，介绍参数 α_1 和 α_2 的室内试验确定方法。由式（2-11）知，α_1 与外荷载有关，它们之间的关系由参数 A、B 确定，可以通过土体的固结试验曲线来拟合得到，例如可以对固结土样施加不同的外荷载，这样就得到不同外荷载下土样固结稳定时的高度，进一步结合土样的初始高度，即可得到不同固结压力下的土样应变值，这样就得到了土样应变与不同外荷载之间的关系。由特定的抛物线函数形式来拟合所测得的试验数据，即可得到函数拟合系数 A、B，即可得到参数 α_1 随外荷载的变化关系：参数 α_2 与吸力变化有关，要得到 α_2 则需要确定应变与吸力的变化关系：首先通过固结试验得到同一外荷载时不同含水率条件下土体的应变值，可整理出土体应变与含水率之间的关系，进一步通过土水特征曲线即可得到土体的含水率与吸力之间的关系，这样就可以得到同一外荷载条件下土体应变值与吸力之间的变化关系，进而进行曲线拟合即可得到参数 α_2。在同时确定出 α_1 和 α_2 的情况下即可得到土体总应变随外荷载与吸力的变化关系。

与《湿陷性黄土地区建筑标准》GB 50025—2018 给出的方法对比，考虑吸力和荷载作用的湿陷变形计算理论支撑更强，并且能考虑不同土体含水率（浸水饱和情况）下的湿陷量，以及浸水与荷载共同作用下的湿陷量，但是也存在缺点，即分层土体的各参数确定需要开展大量的室内试验，如固结试验和土水特征曲线测定，土体分层越多，计算精度越高，但参数确定的室内试验工作量就越大，不如标准给出的方法实用，后续研究可积累试验资料，给出土层参数确定的经验值，简化土层参数确定的工作量。

2.5　小结

（1）基于目前关于非饱和黄土微观结构（SEM）观测和压汞试验（MIP）研究成果，发现浸水前后和不同荷载等级下非饱和黄土的微观孔隙变形明显，湿载耦合作用导致非饱和黄土结构破坏，大孔隙崩解为小孔隙，小孔隙崩解为更小的孔隙；MIP试验表明，非饱和黄土为双孔结构，不同应力路径下黄土的微观孔隙分布规律差异较大，且原状黄土和重塑黄土的孔隙体积分布曲线也有区别，原状黄土存在孔径较大的大孔隙结构，而重塑黄土多以扰动后的小孔隙为主，非饱和黄土微观结构演化机理分析为后续土水特征分析、渗透系数分析以及本构模型提供基础。

（2）从微观角度入手，分析浸水增湿和外荷载作用下黄土的微观孔隙变化规律，指出宏观湿陷变形与微观孔隙结构变化之间的联系，将湿载耦合作用黄土增湿变形分为三个阶段、四个状态，分析了孔隙比与含水率的关系、孔隙比与基质吸力的关系、饱和度与基质吸力的关系以及相对渗透系数与基质吸力的关系；最终指出含水率变化导致的吸力变化和外荷载变化是引起非饱和黄土湿陷变形的主要诱因。

（3）以含水率变化和外荷载变化作为黄土湿陷的主要原因，结合 Fredlund 一维变形理论，建立黄土湿陷变形的简化计算模型，确定模型参数 α_1 和 α_2，参数 α_1 可通过室内剪切试样的应力应变曲线得到，参数 α_2 可由应变-吸力曲线得到，故模型参数均可由室内试验确定。

第3章 浸水条件下非饱和黄土土水特征及渗透特性

3.1 引言

非饱和土土水特征曲线（SWCC，soil-water characteristic curve）是描述饱和度（S_r）或体积含水率（θ）与吸力（s）之间唯一关系的曲线，非饱和土的渗透性、强度、变形等力学特性均与土水特征曲线密切相关，SWCC 是描述非饱和土渗流及其力学耦合过程的基础，非饱和土本构模型中也常常涉及土水特征曲线问题，有学者指出，土水特征曲线在非饱和土力学中地位相当于压缩曲线在饱和土力学中的地位。典型的土水特征曲线如图 3-1 所示，大致可分为三个阶段：饱和阶段、过渡阶段和非饱和残余阶段，包含两个主要特征参数：进气吸力值 s_{air} 和残余饱和度 S_{rres}，土体进气值定义为气体开始进入土体内部最大孔隙时对应的吸力值，进气吸力代表土体由饱和状态向非饱和状态转变，残余饱和度定义为饱和度随吸力的增加降低为某一值，吸力增加很大时，饱和度减小量很小，此时的饱和度的临界值即为残余饱和度。

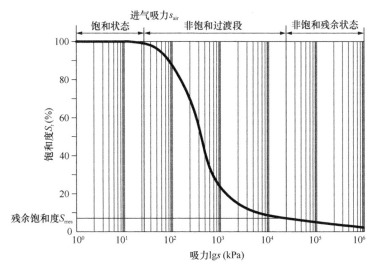

图 3-1 典型的土水特征曲线

利用土水特征曲线可以估算非饱和土的渗透系数、强度和变形等力学特性，如前一章中非饱和黄土的湿陷计算模型中需要用到土水特征曲线中的参数，后一章非饱和黄土的浸水本构模型也要用到土水特征曲线，但以往关于土水特征曲线的研究均是以静态观点，即认为土体孔隙保持不变开展的，这对常规土体是适用的，而黄土浸水后

27

孔隙变化敏感，孔隙变化对土体特征曲线的影响不可忽略。因此，本章主要在现有土水特征曲线研究成果的基础上，考虑非饱和黄土浸水条件下的孔隙变化来研究非饱和黄土的土水特征曲线，建立一个可以考虑浸水孔隙变化影响的土水特征曲线模型。具体研究思路为：首先利用15bar的压力膜仪开展原状和重塑黄土的土水特性试验，分别测定原状黄土和不同孔隙比重塑黄土的非饱和土水特性，通过试验分析孔隙比对非饱和黄土土水特征曲线的影响，进而采用经典模型对试验数据进行拟合验证，发现孔隙比对非饱和黄土土水特征曲线影响明显，现有土水特征曲线模型无法满足浸水孔隙变化影响的模拟，基于此，在经典模型的基础上，考虑非饱和黄土的浸水孔隙特性，建立考虑浸水孔隙变化的土水特征曲线模型；其次，孔隙变化也会引起渗透特性的改变，依据所建立的土水特征曲线模型研究了孔隙对非饱和黄土渗透特性的影响，为后续本构模型描述提供基础。

3.2 黄土土水特征曲线试验

3.2.1 土水特征曲线滞回效应

现有研究显示，同一土体在增湿和干化过程中的土水特征曲线不同，两条曲线形成一个滞回环（图 3-2），这种现象称为土水特征曲线滞回效应。引起这种效应的原因包括：土体内颗粒间孔隙通道不规律或颗粒通道瓶颈作用；孔隙水侵入弯液面接触角大于孔隙水退出弯液面接触角；吸力改变导致颗粒间残余孔隙体积发生改变；增湿或干化循环导致土体微观结构和孔隙体积大小发生改变。由此可以想到，土体二次增湿时，土水特征曲线会与初始增湿时有所不同，土体初次增湿的干化微观结构和孔隙体积与二次增湿过程不同，二次增湿的孔隙比、结构性等均发生改变，孔隙通道弯液面接触角也发生改变，二次增湿的吸力变化率也与一次增湿存在差异，导致土体持水特性发生了改变，因此，土水特征曲线的滞回效应对分析土体的渗流及力学特性具有重要意义。

结合第 2 章黄土微观孔隙演化规律和湿陷过程认识来解释土水特征曲线的滞回效应，初次增湿时，土体内部结构发生变化，胶结质遇水溶解，土体内部大孔隙逐渐崩塌形成更小的孔隙，土颗粒之间更加紧密，土体宏观上发生湿陷变形现象，此时土体内部孔隙通道曲折度更加复杂，弯液面接触角也随之变化，与之对应的是土水特征曲线的初次增湿阶段，从土水特征曲线的滞回环可以看出，初始状态土体饱和度较低，吸力段范围较大，此时由于土体内部强大吸力的存在，保证了其具有较大的强度。随着饱和度（含水率）的增加，当土体饱和度达到某一阈值时，对应一个吸力值，该值称为进水吸力，当吸力值小于进水吸力时，含水率增加并开始浸入土体内部，非饱和黄土进入过渡段，此时由于水的溶解作用土体内部胶结质开始崩解，另一方面含水率增加造成土颗粒之间的吸力减小，连接能力减弱，在土体的自重作用下最终导致非饱和黄土内部颗粒间大孔隙崩塌，土体发生明显湿陷性变形。最后，随着含水率进一步增加，土体进入饱和段，水分完全浸入土体内部，土颗粒之间的吸力值逐渐趋于 0，此时土体在自重作用下不再发生湿陷变形。当饱和状态的土体饱和度（含水率）逐渐降低时，土体内开始有气体进入时对应一个吸力值，称为进气吸力，当吸力值大于进气吸力时，土体进入过渡段，土体内部孔隙水逐渐排出，一方面胶结质又开始发挥强度，另一方面土颗粒之间的吸力值逐渐增大，此时表现为土体的强度增加；随着含水率的进一步减小，土体进入非饱和残余阶段，饱和度（含水率）减低不明显，吸力值进一步增加，非饱和残余阶段时，土体内颗粒上可能还存在吸附水，属于强结合水，因此，不会排出，另一部分水可能存在于土颗粒内部，也很难排出，因此，非饱和残余阶段的饱和度变化较小，吸力变化却较大。

当土体二次浸水时，土水特征曲线的形状及各个阶段均与初次浸水增湿相同，但是其进水吸力值会减小，大吸力段明显增加，与之对应的土体二次浸水时其浸水湿陷敏感性明显小于第一次浸水。另外，可看出增湿和干化阶段的土水特征曲线是不重合的，上述现象也可以从土体湿陷后微观结构的改变方面来解释，增湿与干化过程土体内部的胶结质强度变化，大小孔隙数量、结构强度变化均是不同的，这就导致了土体在增湿和干化过程中土水特性的不同；土体干化后残余饱和度对应的吸力值 s_{res2} 要大于土体初始增湿时残余饱和度对应的吸力值 s_{res1}，这说明土体经过一次浸水增湿并干化后，土体内孔隙通道曲折度更加复杂，弯液面接触角增大，孔隙水在土体内颗粒间流动更为困难，土体的大吸力段会明显增加，在相同残余饱和度时，浸水后土体吸力明显大于浸水前，因此，经历初次浸水后对应土体对二次浸水的敏感性会明显减弱，这同时也解释了非饱和黄土二次浸水时，吸力不同导致了其湿陷性会明显减弱，湿陷变形明显小于初次湿陷。

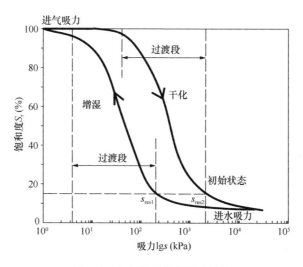

图 3-2　土水特征曲线滞回效应

饱和土有效应力原理表达为：$\sigma' = \sigma - u_w$，Bishop 依据饱和土有效应力原理和试验，引入针对非饱和土的两个独立变量 $\sigma - u_a$ 和 $u_a - u_w$，并建立了非饱和土的有效应力公式：

$$\sigma' = \sigma - u_a + \chi(u_a - u_w) \tag{3-1}$$

参照饱和土的抗剪强度公式，非饱和土的抗剪强度公式可表述为如下形式：

$$\tau = c' + [(\sigma - u_a) + \chi(u_a - u_w)]\tan\varphi' \tag{3-2}$$

式（3-1）、式（3-2）中，σ' 为有效应力，σ 为总应力，u_a 为孔隙气压力，u_w 为孔隙水压力，χ 为与土体饱和度（含水率）相关的参数，τ 为抗剪强度，φ' 为有效内摩擦角，c' 为有效黏聚力。

但是 χ 的值无法确定，当土体饱和时 $\chi = 1$，当土体为干土时 $\chi = 0$，但非饱和土的饱和度和 χ 值难以建立一一对应关系，只能凭借经验值来确定，基于此，Fredlund 等采用上述两个变量进一步简化了非饱和土的抗剪强度公式，表达为：

$$\tau = c' + (\sigma - u_a)\tan\phi' + (u_a - u_w)\tan\phi^b \tag{3-3}$$

其中，$(u_a - u_w)\tan\phi^b$ 为吸力对抗剪强度的影响部分，$\tan\phi^b$ 为吸力的影响系数，研究表明土水特征曲线的滞回效应对 ϕ^b 有影响。Han 开展了残积土剪切试验，发现干化抗剪强度明显大于增湿抗剪强度；Nishimura 等开展粉土试验，也发现干化过程的 ϕ^b 要大于增湿过程的 ϕ^b 值；Shemsu 等也对增湿和干化过程的砂土开展了剪切试验，得出干化过程抗剪强度峰值明显高于增湿过程。因此，在考虑抗剪强度时应充分考虑土水特征曲线的滞回效应。关于土水特征曲线滞回效应的研究已经比较丰富，李军等研究了初始干密度、干湿循环等对土水特征曲线滞回效应的影响；张雪东等基于域模型推导了考虑滞回效应的土水特征曲线模型，并通过编程计算验证了其合理性。因此，本书重点不关注土水特征曲线滞回效应，而是主要研究孔隙变形对土水特性曲线的影响。

3.2.2 土水特征曲线测试方法

目前土水特征曲线测试方法主要包括压力板仪法、盐溶液法、滤纸法、Tempe 仪法、张力计法、轴平移技术法、Dew-point 电位计法、TDR 基质吸力测试法等。本次测试采用美国土壤水分仪器公司生产的 15bar（1bar＝100kPa）压力膜仪，如图 3-3 所示，整个试验系统由空气增压泵、控制阀门、压力室、集水系统组成。其

(a)压力控制系统　　　　　　　　　　　　(b)压力室

图 3-3　15bar 压力膜仪

中，空气增压泵提供压力；控制阀门控制试验过程压力的大小；压力室为钢壁圆筒，压力室具有保压作用，压力室中的下部为陶瓷板，陶瓷板一般由高岭土焙烧制成，一旦水分饱和，由于收缩膜效应，空气无法通过陶瓷板，因此，压力室达到平衡时，土体的吸力值与所加压力值在数值上相等，即土体任何状态下的吸力值可通过压力控制系统直接读出；集水系统收集不同压力下排出的水分，可随时监测不同压力下对应的排水量，进而反算土体体积含水率。

压力膜仪的主要机理是通过陶瓷板阻挡空气进入压力室，陶瓷板阻挡空气是因为孔隙收缩膜会产生表面张力，收缩膜覆盖整个陶瓷板的小孔（图 3-4），收缩膜上方的气压力与下方的水压力之差大小等于基质吸力，陶瓷板能够保持的最大吸力值称为进气值，可由下式得到：

$$s_{\mathrm{d}} = (u_{\mathrm{a}} - u_{\mathrm{w}})_{\mathrm{d}} = \frac{2T_{\mathrm{s}}}{R_{\mathrm{s}}} \tag{3-4}$$

式中，s_{d} 为陶瓷板进气值；T_{s} 为收缩膜引起的表面张力；R_{s} 为孔隙之间收缩膜的曲率半径或最大孔隙半径。现有研究表明，T_{s} 随温度变化不明显，同一材料可认为是一个定值，因此，进气值主要与最大孔隙的曲率半径 R_{s} 有关。

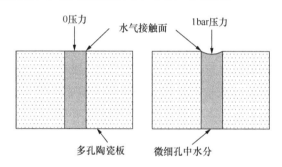

图 3-4　陶瓷板收缩膜张力效应

压力膜仪的工作原理如下：陶瓷板在非饱和土和孔隙水压力量测系统之间起分界作用，陶瓷板上的水将土中孔隙水和量测系统中水联系起来，同时外部空气与压力室隔绝（图 3-5），通过气压力使得土体内部的水分逐渐排出，此时压力室中的高进气陶瓷板具有均布的若干小孔，可以保持土体中孔隙水压力和陶瓷壁反面低压水之间的压力差，土体中液相水在压力作用下通过多孔陶瓷板，并在反向压力状态下达到平衡

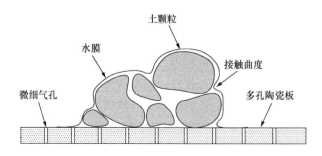

图 3-5　土颗粒与陶瓷板的接触图

状态。此时，压力控制系统的增压值即为吸力值，通过排出水量可以计算土体的饱和度，最终得到测试土体的土水特征曲线，但是该仪器只能测试试样干化过程的土水特征曲线，无法得到增湿过程的土水特征曲线，其滞回效应无法通过试验来得出。

测试过程中需要注意以下几个问题：①压力膜仪试验原理实际上是利用了轴平移技术，从而避免监测低于零绝对压力的孔隙水压力，只要外部空气压力低于陶瓷板进气值，气体则不能进入压力室内部，而压力室中水却能顺利排出，通过调整孔隙气压力和孔隙水压力来控制吸力。故而试验过程中，气体增压值不能大于陶瓷板进气值，否则将会导致外部空气浸入压力室内部，所测得的吸力值将会失真。②试验开始前须使水分完全浸润陶瓷板，并且润湿要均匀彻底，必要时，可预加一定压力保证水分浸润充分，否则陶瓷板小孔无法实现水膜作用，压力室外空气也会浸入压力室内进而导致数据失真。③试验过程中需要确保压力室封闭完整、不漏气，可在压力室壁与上盖接触处涂抹凡士林，螺栓确保拧紧，第一级先施加一个较小的吸力，一段时间稳定后可进行下一步加载。④试验结束后陶瓷板需要放在背阴处晾干，不能放在阳光下晒干，否则可能导致陶瓷板结构损伤，小孔结构的保压作用减弱，造成后续试验结果失真。

3.2.3 试验方案及过程

限于测试仪器的局限性，拟只开展黄土干化过程的土水特征曲线测试，试验过程中考虑非饱和黄土的孔隙性影响，分别制备原状黄土试样和不同孔隙比的重塑黄土试样。原状黄土由施工现场直接取得，包装运输至实验室，然后开展基本参数测试试验，得到非饱和原状黄土各项参数，如表 3-1 所示。重塑土样由原状土充分扰动后制得，孔隙比分别考虑为 0.85、0.8、0.75、0.7、0.65、0.6，分别对应的干密度为 1.47、1.51、1.55、1.60、1.65、1.70g/cm³，下一步开始制样，试验过程增压值设置为 0.1、0.2、0.4、0.6、0.8、1、1.5、2、2.5、3、3.5、4、4.5、5bar，对应吸力值 10、20、40、60、80、100、150、200、250、300、350、400、450、500kPa。

原状黄土基本参数　　　　　　　　　　　　　　表 3-1

原状黄土	比重 G_s	密度 （g/cm³）	含水率 （%）	c （kPa）	孔隙比	ϕ （°）	压缩模量 （MPa）
参数值	2.72	1.52	14.1	30.66	0.82	21	12.6

原状土样直接由原状土切削得到，测试基本参数后即可开始制样，采用直径 61.8mm、高度 20mm 的标准小环刀，切样过程注意小心用力，尽量保持原状黄土的完整性，但由于原状黄土自身结构性较强，即使制样过程小心谨慎，仍然无法完全保证试样完整性，只能尽量保证试样完整性，制得的土样如图 3-6 所示。重塑土样通过原状土充分扰动后进行配制，实践表明击实筒制样效果不佳，自制一套压样器来制备重塑土样（图 3-7），采用自制的压样器可简便制得不同孔隙比的标准环刀样。压样器包括压样筒和五个压样块，参数如下：压样筒内径分别为 61.8mm 和 79.8mm，壁厚为 1cm，高度为 16cm，五个压样块外径分别为 61.8mm 和 79.8mm，其高度分别

图 3-6　原状试样制备

(a) 大环刀样　　　　　　　　　　　　　　　(b) 小环刀样

图 3-7　重塑试样制备

为 4、4、2、2、4cm。

　　制备不同孔隙比的重塑土试验原理如下：采用小环刀样开展试验，小环刀的参数为直径 61.8mm，高度 20mm，因此，小环刀体积为 $V = \pi r^2 h = 59.99 \text{cm}^3$，根据干密度的定义 $\rho_d = \dfrac{m_s}{V}$，可以得到不同干密度 ρ_d 需要的小环刀样的干土量 m_s，含水率取与原状土一致，即可计算出一个小环刀样所用的水量；将原状土碾碎后过筛制备重塑干土，称取干土量 m_s 和所需水量，两者充分混合并闷料 48h 备用；在压样器压样筒中放两个 4cm 见方的压样块，并将制备的土料放入压样筒中，上面再放一个 2cm 见方的压样块，然后通过 4cm 见方的压样块压实到与压样筒平齐，最后将压好的试样推出并放入小环刀中，即可得到所需孔隙比的试样。以此顺序，依次制备不同孔隙比的重塑黄土试样。

　　制得标准环刀样后，需要对试样进行饱和，常用的试样饱和方法包括真空饱和法和碟式饱和法。参照《公路土工试验规程》JTG 3430 的要求，本次试验采用毛细管饱和法进行试样饱和，饱和器采用碟式饱和仪（图 3-8）。首先在饱和器下方放置透水石，透水石上放一层滤纸，滤纸上放置切好的环刀试样，环刀试样上方再放一层滤

图 3-8　试样饱和过程

纸，以此顺序重复放置多个试样直到饱和器的适当高度，饱和器的上板置于最上边的透水石上，拧紧拉杆上的螺栓，使得各个环刀试样充分密贴。将组装好的碟式饱和器放入水箱中，水箱略大于饱和器的高度，即饱和器放倒在水箱底部，加水进入水箱中。需要注意的是，水体不能没过碟式饱和器的最顶面（实践表明，水体高度以饱和器高度的 80%～90% 为宜），以便于使得毛细作用饱和时，土体内的水分能够顺利排出。盖上水箱盖子，静置 72h，然后测取环刀试样的饱和度，饱和度大于 95% 可认为符合要求，否则需重新饱和，直到满足要求为止。

试样饱和完成后可进行试验，首先要做的是使陶瓷板润湿饱和。上述压力膜仪的工作原理中提到，陶瓷板是通过孔隙水膜的表面张力作用来阻挡压力室外部的空气进入内部，如果润湿饱和不充分，陶瓷板上孔隙就不会被水膜完全覆盖，外部空气就会进去压力室内部，此时测得的数据将会是错误的。陶瓷板润湿饱和过程为：采用细针管将水均匀射在陶瓷板表面，使其形成一层完全覆盖的薄水体，然后密封压力室，通过空气增压系统对压力室增压，并保持一段时间，使水分充分进入陶瓷板内，然后重复上述过程 3～4 次，直至陶瓷板完全饱和为止。充分润湿饱和后，陶瓷板顶面应有积水，认为饱和效果达到要求。

从饱和器中取出饱和试样，称量环刀加土体的总重量，并记录。将环刀饱和试样放入压力室内部的陶瓷板上，在陶瓷板和饱和环刀试样之间放置一层滤纸（图 3-9），然后进行压力室密封，为保证其密封性，在压力室盖与压力室边缘涂一层凡士林，然后确保盖子盖正，拧紧密封螺栓。试验时首先加载第一级压力，要确保压力值保持不变，方可认为此次密封成功，压力通过压力室顶部的管子施加。在

图 3-9　试验过程

确定密封成功后，开始逐级施加气压力，施加每一级气压力要确保土体排水稳定后（即集水管中的两次读数差不超过 0.01mm）再施加下一级气压力。每一级压力平衡后，读取并记录集水管的读数，通过两次平衡读数之差就可求得每级压力所对应的排水重量 m_{wj}：

$$m_{wj} = \alpha \cdot \Delta h \tag{3-5}$$

其中，α 为集水管的标定参数（g/mm）；Δh 为两次平衡之后的集水管读数差（mm）。

当土体施加到最大一级压力并稳定后，取出环刀试样，并称重，然后将试样烘干再称重，即可得到最大一级吸力稳定时的含水量质量，记作 m_{wf}，则可以反算得到每一级吸力下的水量质量：

$$m_{wi} = m_{wf} + \sum_{j=i+1}^{n} m_{wj} n \omega_i \theta \tag{3-6}$$

进而推断出每级吸力下的重力含水率：

$$w_i = \frac{m_{wi}}{m_s} \tag{3-7}$$

由体积含水率 w 和重力含水率 θ 之间的换算关系，可得到：

$$\theta_i = \omega_i \frac{\rho_d}{\rho_w} \tag{3-8}$$

式（3-6）～式（3-8）中各参数的含义为：m_{wf} 为最大一级吸力对应的水量质量，为环刀加湿土的质量减去环刀加干土的质量；m_{wi} 为每级吸力下含水量质量；n 为加载等级；ω_i 为每级吸力下的质量含水率；θ 为每级吸力下对应的体积含水率；ρ_d 为试样干密度；ρ_w 为 4℃水的密度。

重复上述试验过程，即可分别得到原状黄土和不同孔隙比重塑黄土的土水特征曲线。由于仪器只能开展排水过程的土水特征曲线测量，即最终结果只能得到黄土干化过程的土水特征变化。

3.2.4　试验结果整理

1. 原状黄土土水特征曲线

图 3-10 给出了非饱和原状黄土的土水特征曲线，由图 3-10（a）可看出曲线大致可以分为快速减小阶段、缓慢减小阶段、稳定阶段三部分，由图 3-10（b）可看出进气吸力值为 20kPa 左右，当基质吸力小于 100kPa 时，体积含水率随基质吸力增加迅速减小，说明初始阶段随着体积含水率的减小（干化过程），基质吸力变化不是很明显，

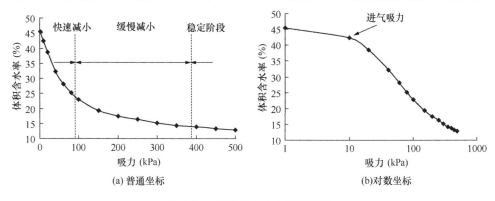

图 3-10　原状黄土土水特征曲线

对于非饱和黄土来说，此阶段对应于土体的饱和阶段，土体的湿陷已经完成，继续湿陷变形对土体含水率的变化不是很敏感；当基质吸力大于 100kPa 小于 400kPa 时，体积含水率随基质吸力增加呈现缓慢减小现象，在缓慢减小阶段，体积含水率即使发生很小的变化，土体的基质吸力值也可能变得很大，这个阶段基质吸力随土体含水率的变化非常敏感，也是土体性质容易发生改变的区段，对于非饱和湿陷性黄土来说，此阶段对应着土体浸水强烈湿陷阶段，含水率的改变导致土颗粒间吸力变化较大，内部结构性遭到破坏，宏观表现为湿陷变形明显；当基质吸力大于 400kPa 时，体积含水率随基质吸力的变化进入稳定阶段，此阶段体积含水率的变化很小，基本达到残余状态，土体内部的自由水很少，土体颗粒之间的吸力值很大，土体具有很高的强度，此时对应于非饱和黄土的干燥状态，大吸力的存在使得土体整体强度很高，另外大吸力也同时使得土体具有较高的结构性。

2. 不同孔隙比重塑黄土的土水特征曲线

图 3-11 给出了不同孔隙比重塑黄土的土水特征曲线，可以看出，无论孔隙比大小，土样均呈现出低吸力段排水较快，体积含水率随吸力增加降低明显，随着吸力值增加，排水效率逐渐降低，体积含水率随吸力增加降低趋于不明显；土样孔隙比对其土水特征曲线影响明显，当孔隙比较大时，虽然初始体积含水率较大，但低吸力段体积含水率随吸力增加降低尤为明显，说明大孔隙存在土样排水能力较强，持水能力较弱，随着吸力值增加，体积含水率随吸力增加虽然逐渐降低，但仍然小于孔隙比小的情况；孔隙比较小时，初始体积含水率也相对较小，随着吸力值增加，体积含水率降低速率较小，土样排水能力较弱，持水能力较强；分析其原因认为，孔隙比较大时，土样内部连通性较强，结构性不明显，自由水在土体内部迁移阻力较小，吸力增加时土体自由水更容易排出，持水能力较弱，孔隙较小时，土样内部连通性较弱，结构性更明显，自由水在土体内部迁移阻力较大，随着吸力增加土体内部自由水不容易排水，持水能力较强；整体来看，低吸力段体积含水率随吸力变化较为敏感，土样排水速率较快，这是因为初始土体内部自由水联通，迁移路径无空气阻隔效应，随着吸力值增加，体积含水率随吸力变化逐渐不敏感，土样排水速率降低，此时空气进入土体内部，孔隙间自由水不连通，迁移路径受空气阻隔效应逐渐明显，土体的整体持水能

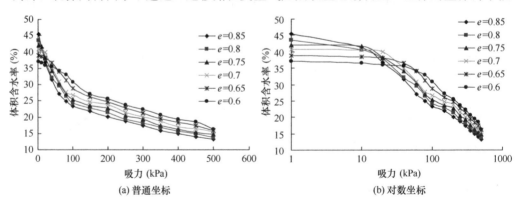

图 3-11　不同孔隙比重塑黄土土水特征曲线

力也逐渐增强。对于非饱和湿陷性黄土而言，大孔隙性明显，浸水引起的孔隙结构变化对土水特征曲线的影响需要考虑。

3.2.5　理论模型与试验数据拟合

目前，关于土体材料土水特征曲线模型的研究比较丰富，但是对具有大孔隙特性和湿陷特性的黄土土水特征曲线研究还比较缺乏。总结现有土体特征曲线如下：按照建模思想的不同可以划分为两大类，一类是经验模型，一类是域模型（domain models）。经验模型主要是依据测定的实测试验数据，选择合适的函数关系，然后通过所得到的试验数据来拟合所选函数的参数，最终得到能够大致描述土体土水特性的曲线方程。这类模型具有一定的局限性，对某一类土可能模拟效果较好，但当土体类别改变或土体性质改变，模型适应性就变得非常局限，常常得不到较好的效果。域模型是经过土体宏观及微观的结构观察，基于观察结论建立一系列的假定（如毛细管假定、孔隙分布函数假定等），在这些假定的基础上进行理论推导，得到一个理论上的土水特征曲线方程，模型的一些参数也需要经过试验数据的拟合得到。域模型的好处是具有一定的理论基础，但是也有一些假定的限制，具有相对的合理性，所建立的曲线方程也大致能够描述某一类土体的土水特性。目前较受认可的经典土水特征曲线方程主要包括以下几种。

1. Brooks and Corey 模型

$$S_e = \left(\frac{\Psi_a}{\Psi}\right)^{\lambda}, \quad \Psi \geqslant \Psi_a$$
$$S_e = 1, \qquad \Psi < \Psi_a \tag{3-9}$$

式中，S_e 为有效饱和度；Ψ_a 为进气吸力值；Ψ 为吸力；λ 为土体参数。

根据有效饱和度的定义：

$$S_e = \frac{\theta - \theta_r}{\theta_s - \theta_r} \tag{3-10}$$

则 Brooks and Corey 模型以体积含水率可表示为：

$$\theta = \theta_r + (\theta_s - \theta_r)\left(\frac{\Psi_a}{\Psi}\right)^{\lambda}, \quad \Psi \geqslant \Psi_a$$
$$\theta = \theta_s, \qquad \Psi < \Psi_a \tag{3-11}$$

2. Van Genuchten 模型

$$S_e = \left[\frac{1}{1 + (a\Psi)^n}\right]^m \tag{3-12}$$

以体积含水率来表示：

$$\theta = \theta_r + (\theta_s - \theta_r)\left[\frac{1}{1 + (a\Psi)^n}\right]^m \tag{3-13}$$

式中，a、m、n 均为土体参数，此模型在土力学中认可度较高，m、n 的关系一般假定为 $m = 1 - 1/n$ 或 $m = 1 - 2/n$。

3. Gardner 模型

$$S_e = \frac{1}{1 + a\Psi^b} \tag{3-14}$$

以体积含水率来表示：

$$\theta = \theta_r + (\theta_s - \theta_r) \frac{1}{1 + a\Psi^b} \tag{3-15}$$

式中，a、b 为土体参数。

4. Fredlund & Xing 模型

$$\theta = \theta_s \left\{ \frac{1}{\ln[e + (\Psi/a)]^n} \right\}^m \tag{3-16}$$

Fredlund 根据试验结果发现，当吸力大于等于 1000000kPa 时，体积含水率可认为是 0，因此，在上述方程的基础上引入了一个修正参数 $C(\Psi)$：

$$\theta = C(\Psi) \cdot \theta_s \left\{ \frac{1}{\ln[e + (\Psi/a)]^n} \right\}^m \tag{3-17}$$

其中，$C(\Psi) = \left[1 - \dfrac{\ln\left(1 + \dfrac{\Psi}{\Psi_r}\right)}{\ln\left|1 + \dfrac{1000000}{\Psi_r}\right|} \right]$，低吸力值时，$C(\Psi)$ 近似等于 1。如果考虑残余饱和度时，体积含水率的土水特征曲线方程还可以写为：

$$\theta = \theta_r + (\theta_s - \theta_r) \left\{ \frac{1}{\ln[e + (\Psi/a)]^n} \right\}^m \tag{3-18}$$

上式中，a、m、n 均为土体参数，θ 为体积含水率，θ_s 为饱和状态的体积含水率，θ_r 为非饱和残余状态的体积含水率，Ψ_r 为非饱和残余状态对应的吸力值。

以经典的 Brooks and Corey 模型（简称 B-C 模型）和 Van Genuchten 模型（简称 V-G 模型）为例来拟合试验结果，判定现有的经典模型是否适用于具有大孔隙的非饱和湿陷性黄土。由公式可以看出，B-C 模型需要确定的参数包括进气吸力值 Ψ_a、土体参数 λ、饱和状态的体积含水率 θ_s、非饱和残余状态的体积含水率 θ_r 四个参数；V-G 模型除了需要确定饱和状态的体积含水率 θ_s、非饱和残余状态的体积含水率 θ_r，还需要确定土体参数 a、m、n、其中取定 $m = 1 - 1/n$，也需要确定四个参数。可以看出，无论是哪个模型均需要确定饱和状态的体积含水率 θ_s 和非饱和残余状态的体积含水率 θ_r，其中 θ_s 可以通过初始状态饱和土体的饱和度进行换算，两者的换算关系为 $\theta_s = \dfrac{e}{1+e} S_{rs}$，由饱和状态的饱和度即可得到饱和体积含水率 θ_s；非饱和残余状态的体积含水率 θ_r 理论上需要通过开展大吸力阶段的干化试验来确定，但是限于测试仪器，本次试验的吸力值只能加载到 500kPa，可能还远远没有达到土体的非饱和残余阶段，有的文献研究表明当吸力值达到 1000000kPa 时的体积含水率为残余体积含水率 θ_r，但是限于陶瓷板的进气值本次试验无法加载到如此大的吸力值，因此，非饱和残余状态的体积含水率 θ_r 需要通过另外的方法确定。

Mualem 提出了一种确定非饱和残余状态体积含水率 θ_r 的方法，本书也采用这种方法来确定非饱和残余状态体积含水率 θ_r。方法的核心思想如下，假定试验的土水特征曲线通过某一大吸力值 (s_{max}, θ_{min})，设 $y_i = \ln\left(\dfrac{s_{max}}{s_i}\right)$，$x_i = \ln\left(\dfrac{\theta_i - \theta_{rj}}{\theta_{min} - \theta_{rj}}\right)$，预测曲线与实测曲线的方差和为

$$R_j = \sum_{i=1}^{N-1}\left[y_i - y(x_i)\right]^2 = \sum_{i=1}^{N-1}\left(y_i^2 - \frac{2}{\lambda_j}y_i x_i + \frac{1}{\lambda_j^2}x_i^2\right) \tag{3-19}$$

代入 y_i 和 x_i 得到：

$$R_j = \sum_{i=1}^{N-1}\left[\ln\left(\frac{s_{max}}{s_i}\right)^2 - \frac{2}{\lambda_j}\ln\left(\frac{s_{max}}{s_i}\right)\ln\left(\frac{\theta_i - \theta_{rj}}{\theta_{min} - \theta_{rj}}\right) + \frac{1}{\lambda_j^2}\ln\left(\frac{\theta_i - \theta_{rj}}{\theta_{min} - \theta_{rj}}\right)^2\right] \tag{3-20}$$

$$\lambda_j = \sum_{i=1}^{N-1}\left[\ln\left(\frac{\theta_i - \theta_{rj}}{\theta_{min} - \theta_{rj}}\right)\right]^2 \bigg/ \sum_{i=1}^{N-1}\left[\ln\left(\frac{s_{max}}{s_i}\right)\ln\left(\frac{\theta_i - \theta_{rj}}{\theta_{min} - \theta_{rj}}\right)\right] \tag{3-21}$$

式中，N 为测试点数，平方差和最小时的体积含水率即可认为是非饱和残余状态的体积含水率 θ_r。

另外，非饱和黄土的进气吸力值 s_a 和土体孔隙分布指数可以通过测试曲线来拟合确定。因此，B-C 模型的四个参数均可以确定，具体值如表 3-2 所示。

原状黄土的 B-C 模型参数表　　　　　　　　　　　　　　　表 3-2

项目	θ_s	θ_r	s_a	λ
参数值	0.455	0.082	20.56	0.65

对于 V-G 模型来说需要确定 θ_s、θ_r、a、m、n，其中取 $m = 1 - 1/n$，θ_s、θ_r 的确定方法可以采用 B-C 模型的方法，参数 a、n 则可以通过试验数据进行拟合，其中参数 a 与土体的进气值 s_a 相关，参数 n 与土体的结构参数和孔隙特性相关，即 V-G 模型的参数 a 与 B-C 模型的吸力值 s_a 作用相同，主要表达了进气吸力对土水特征曲线的影响，V-G 模型的参数 n 与 B-C 模型的孔隙分布参数 λ 作用相同，表达了微观孔隙结构对土水特征曲线的影响。最终确定 V-G 模型具体参数如表 3-3 所示。

原状黄土 V-G 模型参数表　　　　　　　　　　　　　　　表 3-3

项目	θ_s	θ_r	n	a
参数值	0.455	0.082	1.9	0.015

通过 B-C 模型公式及参数表和 V-G 模型公式及参数表可以分别计算得到非饱和原状黄土的土水特征曲线，将模型计算结果与试验测试值进行对比，结果如图 3-12 所示。

分析图 3-12 可以看出低吸力段 B-C 模型与试验结果相差较大，这是因为 B-C 模型近似认为吸力值小于进气值时，体积含水率不变，而实际上只要加载吸力值，体积含水率就会有变化，其次模型确定进气值时也会存在误差，这也会导致模型预测结果与实测值存在偏差，但是在高吸力段 B-C 模型与试验结果拟合较好；V-G 模型整体拟合效果良好，尤其在低吸力段其拟合效果要优于 B-C 模型，因此，对于非饱和黄土的土水特征曲线预测可以优选 V-G 模型。

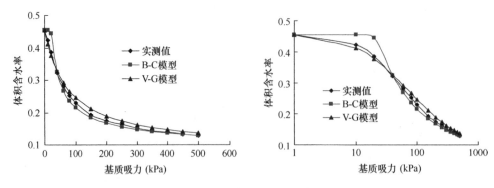

图 3-12　模型与试验拟合

　　试验中还测试了不同孔隙比的重塑黄土的土水特征曲线，上述几种模型中均没有引入土体孔隙比的影响，如果采用上述模型来预测拟合的话，就需要对每一种孔隙比的土体进行参数拟合，工作量非常大。另外，土水特征曲线的测试往往也需要大量的时间，采用现有土水特征曲线来预测不同孔隙比的重塑黄土的土水特性就显得吃力。因此，提出一种考虑孔隙比影响的土水特征曲线模型来预测不同孔隙比土体的土水特征曲线的变化就显得具有实用性意义，可以大大减小土体土水特性的测试工作。这方面很多学者已经开始了研究，但针对非饱和黄土的研究还比较少见，而黄土又是一种孔隙性明显的土体，浸水后土体内孔隙变化明显，这对其土水特性的影响尤为明显，因此，下面的小节将考虑黄土的大孔隙特性，从浸水后的孔隙变形入手建立一个可以考虑孔隙比的土水特征曲线模型。

3.3　考虑孔隙变形的黄土土水特征曲线模型

　　孔隙尺寸分布随着水力路径和应力历史不断演化。已有研究表明，土体的孔隙结构对土水特征曲线有决定性影响，早期建立的土水特征曲线模型均采用孔隙分布系数来反映内部孔隙的影响，但现有模型一般认为内部孔隙不受外部变形影响（刚性孔隙假设），这种假设对常规土体（孔隙变化较小）是适用的，但是对具有大孔隙和湿陷性的非饱和黄土，忽略孔隙变形其预测结果将产生较大误差。

　　本小节以孔隙尺寸分布函数为切入点，考虑孔隙网络演化规律提出了一种方法，并结合现有的经典模型，建立了一个考虑孔隙变形影响的土水特征曲线模型，最终用不同孔隙比重塑黄土水特性试验数据验证所建立的模型。结果表明，考虑孔隙变形影响的土水特征曲线模型能够良好地模拟不同孔隙比非饱和黄土的土水特征。

3.3.1　孔隙分布函数

　　非饱和黄土可认为是由大小不同的孔隙组成的多孔介质，设其孔隙半径为 r，$f(r)$ 为多孔介质的孔隙体积分布函数，则孔隙半径从 r 到 $r+dr$ 之间时的孔隙体积所占百分比为 $f(r)dr$，又因为 $0 < r < +\infty$，则孔隙体积可表述为：

$$\int_0^\infty f(r)\,\mathrm{d}r \tag{3-22}$$

事实上，土体孔隙半径存在下限 $r_{\min}$ 和上限 $r_{\max}$，即土中孔隙半径全部位于最小半径 $r_{\min}$ 和最大半径 $r_{\max}$ 之间。另外，根据体积含水率的定义以及局部平衡假设，小于某孔隙半径 r 的孔隙会被水充满，则体积含水率与孔隙分布函数的关系表述如下：

$$\theta(s) = \int_{r_{\min}}^R f(r)\,\mathrm{d}r \tag{3-23}$$

$$f(r) = \frac{\mathrm{d}\theta}{\mathrm{d}r} \tag{3-24}$$

根据上式，结合比水容量曲线（毛细压力分布函数）的定义：

$$g(s) = \frac{\mathrm{d}\theta}{\mathrm{d}s} = \frac{f(r)\,\mathrm{d}r}{\mathrm{d}s} \tag{3-25}$$

Mualem 等人的研究，认为土中孔隙是一束不同尺寸的圆柱形管。这个假设忽视了孔隙之间的连通性，吸湿过程中，不同尺寸的孔隙，水将从最小尺寸孔隙开始填充。并且 Zhou 和 Romero 等人的研究认为土中孔隙水分为两部分，一部分是孔隙自由水，这部分水毛细现象明显；另一部分是附着于固体颗粒的水，这部分水由于化学粘结作用附着于固体颗粒，并且认为是恒定的，等于残余饱和度 S_r^{res}，此时对应于残余体积含水率 θ_r。由于土体饱和度可看作是微观饱和度 S_r^m 和宏观饱和度 S_r^M 之和：$S_r = S_r^m + S_r^M$，体积含水率也可以看成是残余体积含水率与变化的部分体积含水率组成，因此，体积含水率与孔隙体积分布函数的关系满足：

$$\theta_s = \int_{r_{\min}}^{r_{\max}} f(r)\,\mathrm{d}r + \theta_r \tag{3-26}$$

也可以用比水容量曲线函数来表示：

$$\theta_s = \int_{+\infty}^0 g(s)\,\mathrm{d}s + \theta_r \tag{3-27}$$

当土体吸力 $s \to +\infty$，土体体积含水率为残余体积含水率，$\theta_s = \theta_r$，当吸力 $s = 0$ 时，体积含水率为 $\theta_s = \int_{+\infty}^0 g(s)\,\mathrm{d}s + \theta_r$，因此，与之对应的饱和度关系为当土体吸力 $s \to +\infty$，土体饱和度为残余饱和度，$S_r = S_r^m = S_r^{res}$，当吸力 $s = 0$ 时，饱和度为 1，$S_r = S_r^s = 1$。

有效饱和度定义为：

$$S_e = \frac{\theta - \theta_r}{\theta_s - \theta_r} \tag{3-28}$$

则以孔隙密度函数表示为：

$$S_e = \frac{\displaystyle\int_{R_{\min}}^R f(x)\,\mathrm{d}x}{\displaystyle\int_{R_{\min}}^{R_{\max}} f(x)\,\mathrm{d}x} \tag{3-29}$$

以比水容量曲线函数表示为：

$$S_e = \frac{\int_{+\infty}^{s} g(x)\,\mathrm{d}x}{\int_{+\infty}^{0} g(x)\,\mathrm{d}x}$$ (3-30)

可以看出要推导土水特征曲线，首先要知道孔隙分布函数或者比水容量曲线函数，本书采用 Gabriele 等的方法推导孔隙分布函数 $psd(r)$。记 $F^e(R)$ 为孔隙半径小于 R 的孔隙对总孔隙比的贡献，根据局部平衡假设，孔隙小于 R 的孔隙全部被水填充，则定义变量 $F^e(R)$：

$$F^e(R) = e \cdot F(R) = e_w(R)$$ (3-31)

又根据前述 Mualem 等人提出的局部平衡假设，土体内部的水将优先从小孔隙开始填充，此时的孔隙半径的积分函数 $F(R)$ 就可以与土体的饱和度联系起来：

$$S_r(R) = F(R)$$ (3-32)

又定义 $psd(r)$ 为多孔介质的孔隙尺寸分布函数（pore size distribution），则孔隙半径从 r 到 $r + \mathrm{d}r$ 时，孔隙所占百分比为 $psd(r)\mathrm{d}r$，有：

$$\int_0^\infty psd(r)\,\mathrm{d}r = 1$$ (3-33)

土中孔隙半径全部位于最小半径 r_{min} 和最大半径 r_{max} 之间，则：

$$\int_{r_{min}}^{r_{max}} psd(r)\,\mathrm{d}r = 1$$ (3-34)

记 $F(R)$ 为半径小于 R 的孔隙所占的概率，半径小于 R 的孔隙量为：

$$F(R) = \int_{r_{min}}^{R} psd(r)\,\mathrm{d}r$$ (3-35)

孔隙尺寸分布曲线如图 3-13 所示。对于特定吸力值 s，对应特定孔隙半径 r，土体中孔隙半径大于 r 的孔隙全部被空气填满，小于 r 的孔隙全部被水填满。则根据土体饱和度定义，可得饱和度与孔隙分布的关系：

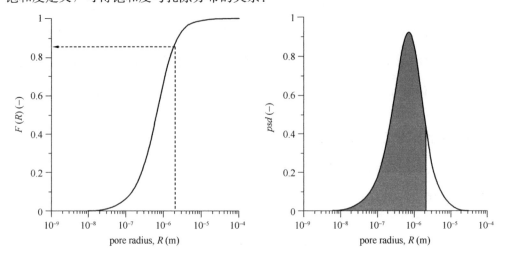

图 3-13 孔隙分布示意图

$$S_r(R) = F(R) = \int_{r_{\min}}^{R} psd(r)\mathrm{d}r \tag{3-36}$$

则得到水分比：

$$e_w(R) = F^e(R) = e \cdot F(R) = eS_r(R) \tag{3-37}$$

则根据 Gabriele 等文中孔隙密度函数（pore size density function）定义：

$$psd(r) = \frac{\mathrm{d}F^e(r)}{\mathrm{d}[\ln(r)]} = \frac{eS_r(R)}{\mathrm{d}[\ln(r)]} \tag{3-38}$$

另外，根据 young-laplace 方程，孔隙半径与吸力之间的关系为：

$$s = \frac{2T\cos\alpha}{r} \tag{3-39}$$

其中，s 为吸力，T 为孔隙水表面张力，α 为孔隙水与颗粒之间的接触角，r 为孔隙半径。对于特定的土体，其矿物组成和孔隙液体组成都是不变的，因此，认为 $2T\cos\alpha$ 为常数 C。

饱和度与吸力关系函数满足：

$$S_r(R) = \int_{r_{\min}}^{R} psd(r)\mathrm{d}r = \int_{r_{\min}}^{R} psd\left(\frac{2T\cos\alpha}{s}\right)\mathrm{d}r = G(s) \tag{3-40}$$

$G(s)$ 即为土水特征曲线模型，即由现有的土水特征曲线模型来推导孔隙体积函数。

（1）选择经典的 V-G 模型进行推导，V-G 模型的土水特征曲线函数表示为：

$$S_r(s) = \frac{1}{[1 + (\alpha s)^n]^m} \tag{3-41}$$

推导过程如下，根据含水比的定义得到：

$$F^e(R) = e \cdot S_r(R) = e\frac{1}{[1 + (\alpha s)^n]^m} = e\frac{1}{\left[1 + \left(\dfrac{\alpha C}{r}\right)^n\right]^m} \tag{3-42}$$

孔隙密度分布函数为：

$$psd^e(R) = \frac{\mathrm{d}F^e(R)}{\mathrm{d}r} = \frac{\alpha Cmne}{r^2}\left[1 + \left(\frac{\alpha C}{r}\right)^n\right]^{(-m-1)}\left(\frac{\alpha C}{r}\right)^{n-1} \tag{3-43}$$

孔隙体积分布函数为：

$$f(r) = \frac{\mathrm{d}F^e(R)}{\mathrm{d}\ln r} = psd^e(r) \cdot r = mne\left[1 + \left(\frac{\alpha C}{r}\right)^n\right]^{(-m-1)}\left(\frac{\alpha C}{r}\right)^n \tag{3-44}$$

式（3-44）中 $f(r)$ 即为选择 V-G 模型时土体孔隙体积分布函数的显示表达式。

（2）选择 B-C 模型来推导，其过程如下，其土水特征曲线函数为：

$$S_r(s) = \left(\frac{s_a}{s}\right)^\lambda, s \geqslant s_a \tag{3-45}$$

则含水比为：

$$F^e(R) = e \cdot S_r(R) = e\left(\frac{s_a}{s}\right)^\lambda = e\left(\frac{rs_a}{C}\right)^\lambda \tag{3-46}$$

张雪东推导了平均孔隙半径，用孔隙分布指数可表示为：

$$\bar{R} = \frac{C}{s_a}\left(\frac{\lambda}{\lambda+1}\right) \tag{3-47}$$

当认为 C 为常数时，可忽略其影响，因此，孔隙半径指数与孔隙分布指数的关系可以表示为：

$$\bar{R} = \frac{1}{s_a}\left(\frac{\lambda}{\lambda+1}\right) \tag{3-48}$$

由此得到：

$$\lambda = \frac{s_a r}{1 - s_a r} \tag{3-49}$$

则有：

$$F^e(R) = e \cdot S_r(R) = e\left(\frac{s_a}{s}\right)^{\frac{s_a r}{1-s_a r}} = e\left(\frac{rs_a}{C}\right)^{\frac{s_a r}{1-s_a r}} \tag{3-50}$$

孔隙密度分布函数为：

$$psd^e(R) = \frac{dF^e(R)}{dr} = \frac{s_a e}{C}\frac{s_a r}{1-s_a r}\left(\frac{rs_a}{C}\right)^{\frac{2s_a r-1}{1-s_a r}} \tag{3-51}$$

孔隙体积分布函数为：

$$f(r) = \frac{dF^e(R)}{d\ln r} = psd^e(r) \cdot r = \frac{s_a e}{C}\frac{s_a r^2}{1-s_a r}\left(\frac{rs_a}{C}\right)^{\frac{2s_a r-1}{1-s_a r}} \tag{3-52}$$

式 (3-52) 中 $f(r)$ 即为选择 B-C 模型时土体孔隙体积分布函数的显示表达式。

（3）选择 Gardner 模型来推导，其过程如下，其土水特征曲线函数为：

$$S_r(s) = \frac{1}{1+as^b} = \frac{1}{1+a\left(\dfrac{C}{r}\right)^b} \tag{3-53}$$

则有：

$$F^e(R) = e \cdot S_r(R) = e\frac{1}{1+a\left(\dfrac{C}{r}\right)^b} \tag{3-54}$$

孔隙密度分布函数为：

$$psd^e(R) = \frac{dF^e(R)}{dr} = \frac{eabC}{r^2}\frac{1}{\left[1+a\left(\dfrac{C}{r}\right)^b\right]^2}\left(\frac{C}{r}\right)^{b-1} \tag{3-55}$$

孔隙体积分布函数为：

$$f(r) = \frac{dF^e(R)}{d\ln r} = psd^e(r) \cdot r = eab\frac{1}{\left[1+a\left(\dfrac{C}{r}\right)^b\right]^2}\left(\frac{C}{r}\right)^b \tag{3-56}$$

式 (3-56) 中 $f(r)$ 即为选择 Gardner 模型时土体孔隙体积分布函数的显示表达式。

建立土体孔隙体积分布函数之后，要描述孔隙变形与土水特征曲线关系，则必须建立孔隙体积分布函数与孔隙变形之间的关系，即首先要明确土体孔隙变形对孔隙体积分布函数的影响，下一小节将着重分析这一问题。

3.3.2　变形对孔隙分布函数的影响

对于土体结构，Diamond 提出了双孔结构的概念，后续研究表明，天然土体大多为双孔结构，试验表明黄土也属于双孔结构［集合体内孔隙（intra-aggregate）和集合体间孔隙（inter-aggregate）］的范畴，目前公认的方法是分别采用微观结构（microstructure）和宏观结构（macrostructure）来描述集合体内孔隙和集合体间孔隙。研究人员针对荷载、增湿、干湿循环等过程对孔隙结构的影响作了大量研究，表明集合体间孔隙对荷载和增湿等过程敏感，孔隙半径随固结压力增加明显减小，而集合体间孔隙变形规律复杂，与土体类型、应力历史等密切相关，且扰动作用下集合体间孔隙完全破坏后集合体内孔隙才会破坏（图 3-14、图 3-15）。

Tanaka 等开展了不同土样压缩的压汞试验，研究了变形条件下土体孔隙结构的变化。Monroy 等对伦敦黏土进行了增湿和荷载耦合作用下的压汞试验和电镜扫描试验，分析了伦敦黏土的微观结构演化。胡冉总结 Tanaka 等各种土样的压汞试验成果，认为孔隙体积分布函数的大致形态在压缩过程中不发生显著变形，孔隙结构可通过孔隙半径表征，且孔隙半径与压缩应力在双对数坐标中存在比例关系，进一步假定孔隙分布函数在半对数坐标下可通过平移和缩放得到，平移和缩放量与孔隙结构指标相关。

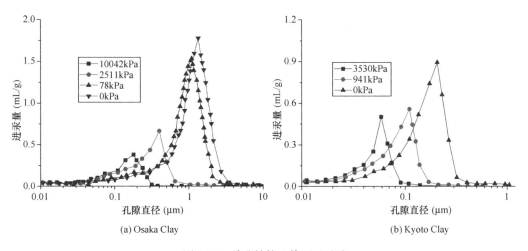

图 3-14　单孔结构土体压汞试验

在不考虑吸力引起的土体内部孔隙变化，并不考虑颗粒内孔隙变化时，可把土体简化看作单孔结构，孔隙变形对孔隙体积分布函数的影响可由某一初始状态通过平移和缩放得到，即任意孔隙变形状态的孔隙体积分布函数可以通过初始状态的孔隙体积函数得到，通过平移因子 ξ_1 和压缩因子 ξ_2 得到，如图 3-16 所示，平移因子 ξ_1 和压缩因子 ξ_2 可以表示为：

$$\xi_1 = \frac{r_1}{r_0} \tag{3-57}$$

$$\xi_2 = f_i(r)/f_0(r) \tag{3-58}$$

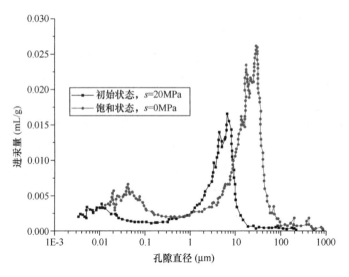

图 3-15　双孔结构土体压汞试验

可以想到只要建立描述土体孔隙的指标（如孔隙比、孔隙率等）与平移因子和压缩因子之间的关系，就可以得到不同孔隙指标下任意状态的孔隙体积分布函数，在得到孔隙体积分布函数的基础上可以通过积分得到任意孔隙变形状态下的土水特征曲线。

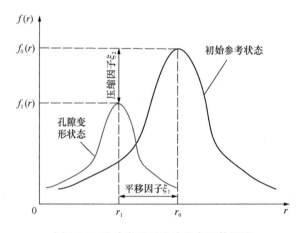

图 3-16　孔隙变形对孔隙分布函数影响

3.3.3　考虑孔隙变形的土水特征曲线模型

以 V-G 模型为基础，假定提出的任意某孔隙比 e_0 的状态为初始状态，初始状态的孔隙体积分布函数记为 $f_0(r)$，则 $f_0(r)$ 的表达式为：

$$f_0(r) = mne_0 \left[1 + \left(\frac{\alpha C}{r} \right)^n \right]^{(-m-1)} \left(\frac{\alpha C}{r} \right)^n \qquad (3-59)$$

首先求初始参考状态的峰值 $f(r_0)$，则对孔隙体积分布函数求导得：

$$\frac{\partial f_0(r)}{\partial \ln r} = r \cdot \left\{ \begin{array}{l} (m+1)n \cdot \left[1+\left(\frac{\alpha C}{r}\right)^n\right]^{-m-2} \cdot \left(\frac{\alpha C}{r}\right)^{n-1} \cdot \left(\frac{\alpha C}{r^2}\right) \cdot \left(\frac{\alpha C}{r}\right)^n \\ -\left[1+\left(\frac{\alpha C}{r}\right)^n\right]^{-m-1} \cdot \left(\frac{\alpha C}{r}\right)^{n-1} \cdot \left(\frac{\alpha C}{r^2}\right) \end{array} \right\}$$

(3-60)

令 $\dfrac{\partial f_0(r)}{\partial \ln r}=0$，进一步化简则可以得到 r_0：

$$(m+1)n \cdot \left[1+\left(\frac{\alpha C}{r_0}\right)^n\right]^{-1} \cdot \left(\frac{\alpha C}{r_0}\right)^n = 1 \tag{3-61}$$

$$(m+1)\left(\frac{\alpha C}{r_0}\right)^n = 1+\left(\frac{\alpha C}{r_0}\right)^n \tag{3-62}$$

$$r_0 = \alpha C \sqrt[n]{m} \tag{3-63}$$

将 r_0 代入孔隙体积分布函数可以得到：

$$f_0(r_0) = mne_0 \left(1+\frac{1}{m}\right)^{-m-1} \tag{3-64}$$

同理可以得到任意状态下的孔隙体积分布函数：

$$f_i(r_i) = mne_i \left(1+\frac{1}{m}\right)^{-m-1} \tag{3-65}$$

由此可得压缩因子 ξ_2：

$$\xi_2 = \frac{f_i(r_i)}{f_0(r_0)} = \frac{mne_i \left(1+\dfrac{1}{m}\right)^{-m-1}}{mne_0 \left(1+\dfrac{1}{m}\right)^{-m-1}} = \frac{e_i}{e_0} \tag{3-66}$$

下一步求解平移因子 ξ_1：

由定义知 $\xi_1 = \dfrac{r_1}{r_0}$，则考虑某一孔隙状态的平均孔隙半径有：

$$\xi_1 = \frac{\bar{r_i}}{\bar{r_0}} \tag{3-67}$$

可以看出要求得平移因子 ξ_1，首先需要得到土体平均孔隙半径的表达式，由平均孔隙半径可以推导得到平移因子 ξ_1。根据前述孔隙体积分布函数 $f(r)$ 的定义，孔径在 $[r,r+\mathrm{d}r]$ 范围的孔隙占比可表示为 $f(r)\mathrm{d}r$，进而根据体积含水率的定义有 $\mathrm{d}\theta = f(r)\mathrm{d}r$。以孔隙体积占比为权重，结合孔隙体积分布函数则可以得到平均孔隙半径的表达式为：

$$\bar{r} = \frac{\displaystyle\int_{r_{\min}}^{r_{\max}} r f(r)\mathrm{d}r}{\displaystyle\int_{r_{\min}}^{r_{\max}} f(r)\mathrm{d}r} \tag{3-68}$$

结合 Young-Laplace 方程：

$$r = \frac{2T_s \cos\alpha}{s} = \frac{C}{s} \tag{3-69}$$

并代入体积含水率可得到：

$$\bar{r} = \frac{C \int_{\theta_r}^{\theta_s} \frac{1}{s} d\theta}{\int_{\theta_r}^{\theta_s} 1 d\theta} \tag{3-70}$$

为了简化推导过程，选择模型参数较少的 B-C 模型来求解 $\bar{r}$，另外 B-C 模型参数较少，各参数物理意义明确，并且容易通过室内试验来确定。其关系式（以体积含水率和吸力来表示）为：

$$\theta = \theta_r + (\theta_s - \theta_r) \cdot \left(\frac{s_a}{s}\right)^{\lambda}, \ s \geqslant s_a \tag{3-71}$$

换算得到：

$$\frac{1}{s} = \frac{1}{s_a} \left(\frac{\theta - \theta_r}{\theta_s - \theta_r}\right)^{\frac{1}{\lambda}} \tag{3-72}$$

代入上式中可得：

$$\bar{r} = \int_{\theta_r}^{\theta_s} \left[\frac{C}{s_a} \left(\frac{\theta - \theta_r}{\theta_s - \theta_r}\right)^{\frac{\lambda+1}{\lambda}} \left(\frac{\lambda}{\lambda+1}\right)\right] = \frac{C}{s_a} \left(\frac{\lambda}{\lambda+1}\right) = C \cdot r_a \tag{3-73}$$

式中，r_a 为平均孔隙半径指数，张雪东等给出了平均孔隙半径指数与孔隙率的关系，结合孔隙率与孔隙比的关系式就可以得到平均孔隙半径与孔隙比的关系式：

$$n = \left(\frac{r_a}{a+r_a}\right)^b = \left(\frac{\bar{r}_i/C}{a+\bar{r}_i/C}\right)^b = \frac{e}{1+e} \tag{3-74}$$

进而得到平均孔隙半径为：

$$\bar{r}_i = \frac{aC \left(\frac{e_i}{1+e_i}\right)^{1/b}}{1 - \left(\frac{e_i}{1+e_i}\right)^{1/b}} \tag{3-75}$$

代入式（3-67）可以得到：

$$\frac{1}{\xi_1} = \frac{\bar{r}_0}{\bar{r}_i} = \frac{aC \left(\frac{e_0}{1+e_0}\right)^{1/b}}{1 - \left(\frac{e_0}{1+e_0}\right)^{1/b}} \cdot \frac{1 - \left(\frac{e_i}{1+e_i}\right)^{1/b}}{aC \left(\frac{e_i}{1+e_i}\right)^{1/b}} \tag{3-76}$$

化简整理得：

$$\frac{1}{\xi_1} = \frac{\left(\frac{e_0}{1+e_0}\right)^{1/b} \left[1 - \left(\frac{e_i}{1+e_i}\right)^{1/b}\right]}{\left[1 - \left(\frac{e_0}{1+e_o}\right)^{1/b}\right] \left(\frac{e_i}{1+e_i}\right)^{1/b}} \tag{3-77}$$

由参考状态的孔隙体积分布函数 $f_0(r)$（以 V-G 模型为基础得到）、平移因子 ξ_1 和压缩因子 ξ_2 就可以得到任意状态的孔隙体积分布函数 $f_i(r)$：

$$f_i(r) = \xi_2 f_0(\xi_1 r) = \xi_2 mn e_0 \left[1 + \left(\frac{\alpha C}{\xi_1 r}\right)^n\right]^{(-m-1)} \left(\frac{\alpha C}{\xi_1 r}\right)^n \tag{3-78}$$

则任意孔隙状态的比水容量曲线为：

$$g_i(r) = \frac{f_i(r)\mathrm{d}r}{\mathrm{d}s} \tag{3-79}$$

进一步得到任意孔隙状态下的土水特征曲线：

$$S_e = \frac{\int_{+\infty}^{s} g_i(x)\mathrm{d}x}{\int_{+\infty}^{0} g_i(x)\mathrm{d}x} = \frac{\int_{+\infty}^{s} \frac{\xi_2 nme_i}{n}\left[1+\left(\frac{\alpha s}{\xi_1}\right)^n\right]^{-m}\mathrm{d}x}{\int_{+\infty}^{0} \frac{\xi_2 nme_i}{n}\left[1+\left(\frac{\alpha s}{\xi_1}\right)^n\right]^{-m}\mathrm{d}x} \tag{3-80}$$

化简整理得：

$$S_e = \left[1+\left(\frac{\alpha s}{\xi_1}\right)^n\right]^{-m} \tag{3-81}$$

又有 $\dfrac{1}{\xi_1} = \dfrac{\left(\frac{e_0}{1+e_0}\right)^{1/b}\left[1-\left(\frac{e_i}{1+e_i}\right)^{1/b}\right]}{\left[1-\left(\frac{e_0}{1+e_0}\right)^{1/b}\right]\left(\frac{e_i}{1+e_i}\right)^{1/b}}$，代入上式可得：

$$S_e = \left\{1+\left\{\alpha\frac{\left(\frac{e_0}{1+e_0}\right)^{1/b}\left[1-\left(\frac{e_i}{1+e_i}\right)^{1/b}\right]}{\left[1-\left(\frac{e_0}{1+e_0}\right)^{1/b}\right]\left(\frac{e_i}{1+e_i}\right)^{1/b}}s\right\}^n\right\}^{-m} \tag{3-82}$$

可以看出任意孔隙状态下的土水特征曲线函数表示为吸力和孔隙比的函数，即土水特征曲线随孔隙比变化而变化，可理解为饱和度为吸力和孔隙比组成的三维空间曲面，当不考虑孔隙比影响时，即可取初始状态 $e_i = e_0$，此时土水特征曲线与 V-G 模型一致，即可认为 V-G 模型是本书模型的一种特殊形式。

如果以 Gardner 模型为基础，则有初始状态的孔隙密度分布函数为：

$$f_0(r) = \frac{\mathrm{d}F^e(R)}{\mathrm{d}\ln r} = psd^e(r) \cdot r = e_0 ab \frac{1}{\left[1+a\left(\frac{C}{r}\right)^b\right]^2}\left(\frac{C}{r}\right)^b \tag{3-83}$$

求初始参考状态的峰值 $f(r_0)$，则对孔隙体积分布函数求导得：

$$\frac{\partial f_0(r)}{\partial \ln r} = r \cdot \left\{\begin{array}{l} 2ab \cdot \left[1+a\left(\frac{C}{r}\right)^b\right]^{-3} \cdot \left(\frac{C}{r}\right)^{b-1} \cdot \left(\frac{C}{r^2}\right) \cdot \left(\frac{C}{r}\right)^b \\ -b\left[1+a\left(\frac{C}{r}\right)^b\right]^{-2} \cdot \left(\frac{C}{r}\right)^{b-1} \cdot \left(\frac{C}{r^2}\right) \end{array}\right\} \tag{3-84}$$

令 $\dfrac{\partial f_0(r)}{\partial \ln r} = 0$，进一步化简则可以得到 r_0：

$$2a \cdot \left[1+a\left(\frac{C}{r_0}\right)^b\right]^{-1} \cdot \left(\frac{C}{r_0}\right)^b = 1 \tag{3-85}$$

$$r_0 = C(a)^{\frac{1}{b}} \tag{3-86}$$

将 r_0 代入孔隙体积分布函数可以得到：

$$f_0(r_0) = \frac{e_0 ab}{4} \cdot \frac{1}{a} \tag{3-87}$$

同理可以得到任意状态下的孔隙体积分布函数：

$$f_i(r_i) = \frac{e_i ab}{4} \cdot \frac{1}{a} \tag{3-88}$$

由此可得压缩因子 ξ_2：

$$\xi_2 = \frac{f_i(r_i)}{f_0(r_0)} = \frac{\dfrac{e_i ab}{4} \cdot \dfrac{1}{a}}{\dfrac{e_0 ab}{4} \cdot \dfrac{1}{a}} = \frac{e_i}{e_0} \tag{3-89}$$

平移因子 ξ_1 的求解方法同上：

$$\frac{1}{\xi_1} = \frac{\bar{r}_0}{\bar{r}_i} = \frac{aC\left(\dfrac{e_0}{1+e_0}\right)^{1/b}}{1 - \left(\dfrac{e_0}{1+e_0}\right)^{1/b}} \cdot \frac{1 - \left(\dfrac{e_i}{1+e_i}\right)^{1/b}}{aC\left(\dfrac{e_i}{1+e_i}\right)^{1/b}} \tag{3-90}$$

化简整理得：

$$\frac{1}{\xi_1} = \frac{\left(\dfrac{e_0}{1+e_0}\right)^{1/b}}{1 - \left(\dfrac{e_0}{1+e_0}\right)^{1/b}} \cdot \frac{1 - \left(\dfrac{e_i}{1+e_i}\right)^{1/b}}{\left(\dfrac{e_i}{1+e_i}\right)^{1/b}} \tag{3-91}$$

由初始参考状态的孔隙体积分布函数 $f_0(r)$（以 Gardner 模型为基础得到）、平移因子 ξ_1 和压缩因子 ξ_2 就可以得到任意状态的孔隙体积分布函数 $f_i(r)$：

$$f_i(r) = \xi_2 f_0(\xi_1 r) = \xi_2 e_0 ab \frac{1}{\left[1 + a\left(\dfrac{C}{\xi_1 r}\right)^b\right]^2}\left(\frac{C}{r\xi_1}\right)^b \tag{3-92}$$

则任意孔隙状态的比水容量曲线为：

$$g_i(r) = \frac{f_i(r)\mathrm{d}r}{\mathrm{d}s} \tag{3-93}$$

将任意状态的比水容量曲线代入土水特征曲线积分函数［式（3-30）］即可得到任意孔隙状态下的土水特征曲线：

$$S_e = \frac{\displaystyle\int_{+\infty}^{s} g_i(x)\mathrm{d}x}{\displaystyle\int_{+\infty}^{0} g_i(x)\mathrm{d}x} = \frac{\displaystyle\int_{+\infty}^{s}\left\{\xi_2 e_0 ab \frac{1}{\left[1 + a\left(\dfrac{s}{\xi_1}\right)^b\right]^2}\left(\dfrac{s}{\xi_1}\right)^b\right\}\mathrm{d}x}{\displaystyle\int_{+\infty}^{0}\left\{\xi_2 e_0 ab \frac{1}{\left[1 + a\left(\dfrac{s}{\xi_1}\right)^b\right]^2}\left(\dfrac{s}{\xi_1}\right)^b\right\}\mathrm{d}x} = \frac{1}{\left[1 + a\left(\dfrac{s}{\xi_1}\right)^b\right]}$$

$$\tag{3-94}$$

化简整理得：

$$S_e = \left[1 + a\left(\frac{s}{\xi_1}\right)^b\right]^{-1} \tag{3-95}$$

又有 $\dfrac{1}{\xi_1} = \dfrac{\left(\frac{e_0}{1+e_0}\right)^{1/b}\left[1-\left(\frac{e_i}{1+e_i}\right)^{1/b}\right]}{\left[1-\left(\frac{e_0}{1+e_0}\right)^{1/b}\right]\left(\frac{e_i}{1+e_i}\right)^{1/b}}$，代入上式可得：

$$S_e = \left\{1 + a\left\{\frac{\left(\frac{e_0}{1+e_0}\right)^{1/b}\left[1-\left(\frac{e_i}{1+e_i}\right)^{1/b}\right]}{\left[1-\left(\frac{e_0}{1+e_0}\right)^{1/b}\right]\left(\frac{e_i}{1+e_i}\right)^{1/b}}s\right\}^{b}\right\}^{-1} \tag{3-96}$$

当任意孔隙为初始状态时，即不考虑孔隙变形的影响，满足 $e_i = e_0$，此时上述模型退化为 Gardner 模型。

3.3.4 模型的验证

为验证所建模型的合理性，通过第二小节不同孔隙比重塑黄土的土水特征曲线试验结果来验证第三小节所建立模型的表现能力。要计算不同孔隙比下的土水特征曲线，首先要以某一孔隙比作为初始孔隙比进行参数的标定，本书以 $e_0 = 0.85$ 作为初始孔隙比进行模型参数标定。由式（3-82）得以 V-G 模型为基础的有效饱和度为：

$$S_e = \left\{1 + \left\{\alpha\frac{\left(\frac{e_0}{1+e_0}\right)^{1/b}\left[1-\left(\frac{e_i}{1+e_i}\right)^{1/b}\right]}{\left[1-\left(\frac{e_0}{1+e_0}\right)^{1/b}\right]\left(\frac{e_i}{1+e_i}\right)^{1/b}}s\right\}^{n}\right\}^{-m} \tag{3-97}$$

结合有效饱和度的定义：

$$S_e = \frac{\theta - \theta_r}{\theta_s - \theta_r} \tag{3-98}$$

得到：

$$\theta = \theta_r + (\theta_s - \theta_r)\left\{1 + \left\{\alpha\frac{\left(\frac{e_0}{1+e_0}\right)^{1/b}\left[1-\left(\frac{e_i}{1+e_i}\right)^{1/b}\right]}{\left[1-\left(\frac{e_0}{1+e_0}\right)^{1/b}\right]\left(\frac{e_i}{1+e_i}\right)^{1/b}}s\right\}^{n}\right\}^{-m} \tag{3-99}$$

当 $e_i = e_0 = 0.85$ 时，$\dfrac{1}{\xi_1} = \dfrac{\left(\frac{e_0}{1+e_0}\right)^{1/b}\left[1-\left(\frac{e_i}{1+e_i}\right)^{1/b}\right]}{\left[1-\left(\frac{e_0}{1+e_0}\right)^{1/b}\right]\left(\frac{e_i}{1+e_i}\right)^{1/b}} = 1$，上式退化为 V-G 模型，根据孔隙比为 0.85 时的土水特征曲线试验值进行模型参数标定。由式可以看出，考虑孔隙比时的土水特征曲线模型包含 θ_s、θ_r、n、α、e_0、b 共六个参数，其中 θ_s、θ_r、n、α 参数标定方法同 3.2 中提到的方法，e_0 为某一初始孔隙比，此处取 0.85，而通过孔隙与评价孔隙半径的关系标定 b，对于不同孔隙比时的土体 b 也有所不同，通过拟合分别得到孔隙比为 0.8 时 b 为 0.15，孔隙比为 0.75 时 b 为 0.2，孔隙比为 0.7 时 b 为 0.25，孔隙比为 0.65 时 b 为 0.3，孔隙比为 0.6 时 b 为 0.35，模型参数标定曲线见图 3-17，最终得到模型参数值，如表 3-4 所示。

重塑黄土 V-G 模型标定参数表　　　　　　　　　表 3-4

项目	θ_s	θ_r	n	α
参数值	0.455	0.095	2.0	0.015

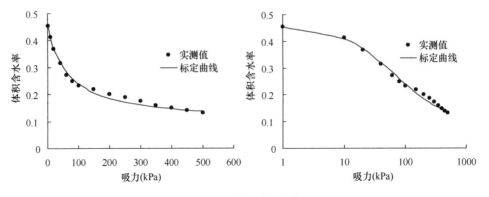

图 3-17　模型标定曲线

在标定得到模型参数的条件下，根据式（3-99）即可预测任意孔隙比时的土水特征曲线。图 3-18 至图 3-22 分别给出了不同孔隙比时的模型预测结果与试验结果的对比情况，可以看出，除了初始段模型预测结果与试验结果有所偏差，吸力大于 100kPa 时的预测结果与试验结果吻合较好，说明考虑孔隙变化的土水特征曲线来描述黄土的土水特征更切合实际。另外还可看出，孔隙比越小在低吸力段的预测结果偏差越大，这是因为以 0.85 作为初始孔隙比进行预测，孔隙比越接近 0.85，预测结果越准确，但当吸力值超过进气吸力时，不论孔隙比大小，预测结果均比较准确。

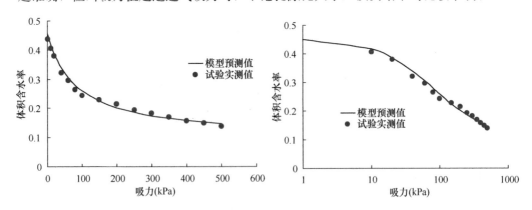

图 3-18　孔隙比为 0.8 时的结果对比

图 3-23 给出了由计算模型得到的考虑孔隙变化影响的黄土土水特征曲线。由图可以看出，孔隙比变化对土水特征曲线变化影响明显，随着孔隙比的增加，体积含水率随吸力变化敏感性增加，吸力超过进气吸力值时表现更明显，说明土体由于荷载和浸水等各种因素导致的孔隙变化对土体的土水特征影响明显，实际中不得不予以考虑。图 3-24 给出了不同孔隙比下的模型计算结果与试验结果的对比情况。由图可以看出，整体上考虑孔隙变化的土水特征曲线模型能够较好地预测不同孔隙比土体的土

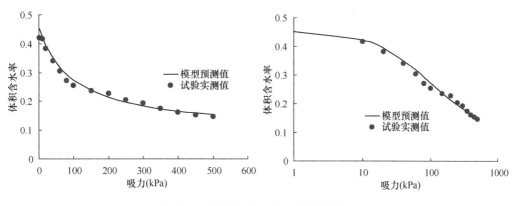

图 3-19　孔隙比为 0.75 时的结果对比

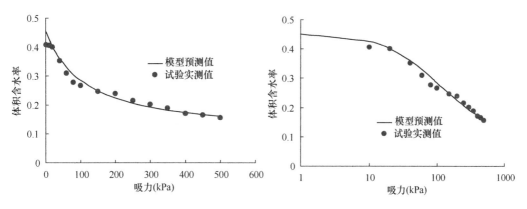

图 3-20　孔隙比为 0.7 时的结果对比

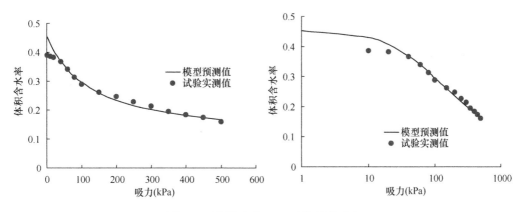

图 3-21　孔隙比为 0.65 时的结果对比

水特征变化，但本模型是以 V-G 模型为基础建立的，因此也继承了 V-G 模型的固有缺点，对进气吸力以前的部分拟合效果不是很好，但超过进气吸力值之后，模型计算结果与试验结果拟合良好。因此，考虑孔隙变化的土水特征曲线模型能较好地模拟不同孔隙结构下的黄土土水特征曲线。

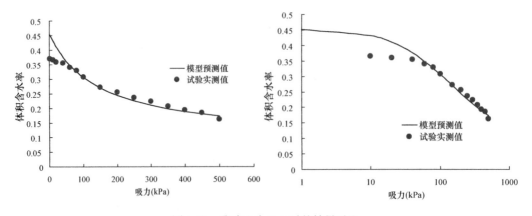

图 3-22　孔隙比为 0.6 时的结果对比

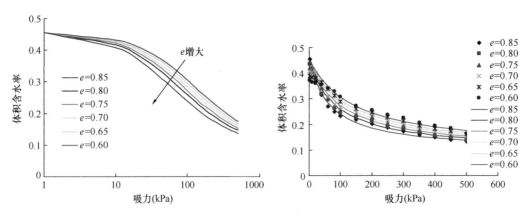

图 3-23　孔隙比对土水特征曲线的影响　　　图 3-24　不同孔隙比模型结果与试验结果对比

3.4　考虑孔隙变形的非饱和黄土渗透系数分析

一般认为，饱和土中孔隙水流动遵循 Darcy 定律，即有 $v_w = -k_w \dfrac{\partial h_w}{\partial y}$，$v_w$ 为流速，k_w 为渗透系数，$\dfrac{\partial h_w}{\partial y}$ 为水力梯度，对于饱和土而言，渗透系数 k_w 被认为是常数。现有研究表明，非饱和土中孔隙水流动也遵循 Darcy 定律，但是其渗透系数 k_w 不保持为常数，而是与孔隙比和饱和度等因素有关，因为随着土体饱和度的降低，土体内部空气浸入孔隙，孔隙水只能通过未被空气浸入的孔隙流动，因此，非饱和土的渗透系数应随着饱和度降低而减小。另外，对于非饱和黄土而言，浸水和干化可能导致其内部总孔隙发生变化，也会导致渗透系数发生变化，也就是说，非饱和黄土的渗透系数随着含水率的变化愈加明显，如何建立渗透系数随含水率的变化关系还需深入研究。

渗透系数是土体渗流的重要参数，也是进行土体水力耦合分析的基础，饱和土的渗透系数通常认为是常数，因此，可通过室内试验或现场试验进行测试，但非饱和土渗透系数却随孔隙比和饱和度的变化而变化，因此，通过试验进行非饱和土的测试比较困难，有些学者提出了一些方法，但也是费时费力。因此，在误差允许范围内，考虑孔隙比和饱和度等因素，建立非饱和土的渗透系数的预测模型具有相当的实用意义。

3.4.1　渗透系数测试方法

一般非饱和土的渗透系数测试方法分为直接测定法和间接测定法，直接法可以在室内开展试验，也可以在现场开展试验，室内试验稍微经济一些，但现场试验结果更为可靠，遗憾的是无论室内试验还是现场试验，均需要较长的时间，测试结果也受到许多客观因素的影响；间接法是指通过测定非饱和土的土水特性，通过土水特性与渗透特性的关系来间接地推导渗透系数，因此，间接法无论从结果精度，还是从经济角度考虑都是一种值得考虑的方法。

下面简要介绍渗透系数测试的室内直接法和通过土水特征曲线计算的间接法。室内测定渗透系数需假定土中渗流符合 Darcy 定律，即满足渗透系数为流速和水力梯度的比值，当假定孔隙水流速不随时间变化即为稳态方法，而流速随时间变化而变化即为非稳态方法。稳态测试法，可通过 Klute 建议的方法进行，保持水力梯度不变，基质吸力和含水量也不变，当入土流速等于出土流速时，对应于某一吸力值的非饱和土渗透系数 k_w 可由下式计算：

$$k_w = \left(\frac{Q}{At}\right)\left(\frac{d}{h_w - h'_w}\right) \tag{3-100}$$

式中，Q 为时间 t 内水流量，A 为土样面积，d 为张力计之间的距离，h_w、h'_w 为两个张力计所对应的水头。上述试验得到了对应某一吸力值时的渗透系数值，但吸力值发生变化时需要重复进行试验，以得到不同基质吸力时的非饱和土的渗透系数，以此可以得到一组渗透系数与基质吸力的关系曲线。需要注意的是，当土体达到高吸力段时，土体内部孔隙水渗流非常缓慢，完成一组试验需要的时间较长。

瞬态测试法假定土体水力特性均匀，通过土水特征曲线将含水率变化与基质吸力联系起来，用体积含水率计算孔隙水流速，再由流速和水力梯度之比得到渗透系数。Hamilon 等给出了非稳态测试方法，通过下式即可得到其渗透系数：

$$k_w = \frac{v_w}{i_{ave}} \tag{3-101}$$

式中，v_w 为土体内部孔隙水流速，i_{ave} 为平均水力梯度。

土体内部孔隙水流速 v_w 可由下式确定：

$$v_w = \frac{dV_w}{Adt} \tag{3-102}$$

式中，V_w 为流过试件水量，其可由体积含水率求得：

$$V_w = \int \theta_w(x)Adx \tag{3-103}$$

式中，$\theta_w(x)$ 为体积含水率。

某时间某点的水力梯度为：

$$i_w = \frac{dh_w}{dx} \qquad (3\text{-}104)$$

通过式（3-101）即可得到不同吸力值时的非饱和土渗透系数。

同时可以看到无论是稳态法测试还是瞬态法测试，均需要大量的试验时间，并且在高吸力段，试样内部渗流非常缓慢，渗水量较小，所测得的结果也存在较大的误差。从理论上来预测渗透系数就不失为一种简便可行的方法，即所述的间接测定法。间接测定法常常是依托土水特征曲线进行的，上一小节中介绍了考虑非饱和黄土柔性孔隙的土水特征曲线，因此，以此为基础可以预测考虑柔性孔隙变形的非饱和黄土的渗透系数变化。首先简要介绍间接测定法的原理，后续单独小节研究以土水特征曲线为基础的非饱和黄土渗透系数预测。

土水特征曲线描述了基质吸力与饱和度之间的关系，以土水特征曲线的干化段为例，Childs 和 Collis-George 采用概率统计方法，将干化曲线分为 m 个区间，可以得到体积含水率的最大值、最小值以及区间大小，并得到所划分区间的 m 个中点，第一个体积含水率对应于饱和土，即吸力 $u_a - u_w$ 为零，其余体积含水率区间中点对应某一特定吸力值，区间中点编号为 i（由 1 到 m），区间中点吸力值对应的渗透系数可由下式得到：

$$k_w(\theta_w)_i = \frac{k_s}{k_{sc}} A_d \sum_{j=i}^{m} \left[(2j+1-2i)(u_a-u_w)_j^{-2} \right] i = 1,2,\cdots,m \qquad (3\text{-}105)$$

$$A_d = \frac{T_s^2 \rho_w g \theta_s^p}{2\mu_w N^2} \qquad (3\text{-}106)$$

$$k_{sc} = A_d \sum_{j=i}^{m} \left[(2j+1-2i)(u_a-u_w)_j^{-2} \right] i = 0,1,2,\cdots,m \qquad (3\text{-}107)$$

式中，$k_w(\theta_w)_i$ 为对应于 i 区间体积含水率的渗透系数（m/s），m 为划分区间总数，k_s 为实测饱和渗透系数（m/s），k_{sc} 为计算饱和渗透系数（m/s），A_d 为调整因子 $[m/(s\cdot kPa)]$，T_s 为水的表面张力（kN/m），ρ_w 为水的密度（kg/m³），g 为重力加速度（N·s/m²），θ_s 为饱和体积含水率，μ_w 为水的绝对黏度（N·s/m），N 为饱和体积含水率与零体积含水率之间的总间断数，$N = m[\theta_s/(\theta_s-\theta_r)]$，$\theta_r$ 是土水特征曲线的残余体积含水率，p 为考虑孔隙尺寸影响的常数，其值常取为 2。

Brooks 和 Corey 等根据土水特征曲线给出了渗透系数的经验表达式：

$$k_w = k_s \qquad\quad , s \leqslant s_a \qquad (3\text{-}108)$$

$$k_w = k_s S_e^\delta, s > s_a \qquad (3\text{-}109)$$

其中，k_s 为饱和土渗透系数，S_e 为以有效饱和土为基质吸力的函数，δ 为经验常数。Brooks 和 Corey 建议了 δ 与孔隙尺寸参数 λ 的关系为：$\delta = \dfrac{2+3\lambda}{\lambda}$，由上小节知，

孔隙尺寸参数与孔隙比具有相关关系，下面推导其与孔隙比的函数关系。

由式（3-73）得到平均孔隙半径指数 r_a 与孔隙尺寸参数 λ 的关系有：

$$r_a = \frac{1}{s_a}\left(\frac{\lambda}{\lambda+1}\right) \tag{3-110}$$

式中，r_a 为平均孔隙半径指数，结合孔隙率与孔隙比的关系式就可以得到平均孔隙半径与孔隙比的关系式：

$$n = \left(\frac{r_a}{a+r_a}\right)^b = \frac{e}{1+e} \tag{3-111}$$

$$r_a = \frac{a\left(\frac{e}{1+e}\right)^{\frac{1}{b}}}{1-\left(\frac{e}{1+e}\right)^{\frac{1}{b}}} \tag{3-112}$$

由式（3-110）和式（3-112）可以得到孔隙尺寸参数 λ 与孔隙比 e 之间的关系：

$$\lambda = \frac{s_a a\left(\frac{e}{1+e}\right)^{\frac{1}{b}}}{1+\left(\frac{e}{1+e}\right)^{\frac{1}{b}}-s_a a\left(\frac{e}{1+e}\right)^{\frac{1}{b}}} \tag{3-113}$$

式（3-111）～式（3-113）中，a、b 为土体参数，结合式（3-108）和式（3-109）即可得到考虑孔隙变形影响的渗透系数模型。

Gardner 等引入了两个常数，给出了渗透系数与基质吸力的关系：

$$k_w = \frac{k_s}{1+a\left(\frac{s}{\rho_w g}\right)^n} \tag{3-114}$$

式中，a、n 为经验常数，其余参数意义同上。

上述两种方法给出了非饱和土渗透系数与基质吸力之间的关系，即可以通过土水特征曲线来间接推导渗透系数，当土水特征曲线考虑孔隙变形的影响时，渗透系数也可以考虑孔隙变形的影响。下面将分析渗透系数的主要影响因素，为后续考虑孔隙变形对渗透特性的影响奠定基础。

3.4.2　渗透系数影响因素

饱和土渗透系数与土体内部孔隙比密切相关，但分析具体问题时常常假定饱和土的渗透系数为常数，对于非饱和土而言渗透系数影响因素更加复杂，除了与孔隙变化相关外还与饱和度有关，土体不饱和时空气首先浸入大孔隙，孔隙水只能在更小的孔隙中流动，曲折度增加，土体渗透系数减小，如果土体内部孔隙崩解，大孔隙变为更多的小孔隙，渗流路径曲折度增加，同样会导致自由水流动的阻力增加，表现为土体的渗透系数减小。

对于一般土体而言，非饱和土渗透系数由饱和状态转变为非饱和状态的过程中，土体的孔隙比变化很小，对渗透系数的影响也非常小，因此，认为孔隙比变化对渗透系数的影响是次要的，饱和度的变化是影响渗透系数的主要因素。因此，现有考虑非饱和土的渗透系数多分析其是饱和度或含水率的单一函数，而饱和度或含水率又与基质吸力存在唯一的关系（土水特征曲线），因此，可用土水特征曲线来预测非饱和土的渗透系数变化。但对于非饱和黄土而言，土体浸水后出现大孔隙崩塌和小孔隙压缩现象导致孔隙变化明显，此时微观孔隙的变化对渗透系数的影响就不得不考虑，因此，建立非饱和土的渗透系数与饱和度（含水率）和孔隙比的变化关系是非常必要的。因此，在分析非饱和土渗透系数时，应充分考虑孔隙变形和饱和度的共同影响，即孔隙变形导致的自由水渗流路径曲折度增加和饱和度导致的自由水渗流路径改变均会对渗透系数造成影响，对于大孔隙结构的湿陷性黄土而言，浸水导致的饱和度和孔隙变形会对其渗透特性造成明显的影响。在后续分析中不仅仅考虑饱和度对渗透系数的影响，同时也要考虑浸水引起的孔隙变形对渗透系数的影响。

3.4.3　考虑孔隙变形影响的渗透系数计算

本小节以前述建立的考虑柔性孔隙变形的土水特征曲线模型为基础，并分别结合 Brooks & Corey 建议的渗透系数经验模型和 Childs & Collis-george 建议的概率统计模型，建立考虑柔性孔隙变形影响的渗透系数模型。

上小节建立的考虑柔性孔隙变形的土水特征曲线模型为：

$$S_e = \left\{ 1 + \left\{ \alpha \frac{\left(\frac{e_0}{1+e_0}\right)^{1/b}\left[1-\left(\frac{e_i}{1+e_i}\right)^{1/b}\right]}{\left[1-\left(\frac{e_0}{1+e_0}\right)^{1/b}\right]\left(\frac{e_i}{1+e_i}\right)^{1/b}} s \right\}^n \right\}^{-m} \tag{3-115}$$

结合渗透系数的经验表达式：

$$k_w = k_s, s \leqslant s_a \tag{3-116}$$

$$k_w = k_s S_e^{\delta}, s > s_a \tag{3-117}$$

将式（3-111）代入式（3-112）和式（3-113）即可得到不同基质吸力时的非饱和土渗透系数：

$$k_w = k_s, s \leqslant s_a \tag{3-118}$$

$$k_w = k_s \left\{ 1 + \left\{ \alpha \frac{\left(\frac{e_0}{1+e_0}\right)^{1/b}\left[1-\left(\frac{e_i}{1+e_i}\right)^{1/b}\right]}{\left[1-\left(\frac{e_0}{1+e_0}\right)^{1/b}\right]\left(\frac{e_i}{1+e_i}\right)^{1/b}} s \right\}^n \right\}^{-m \cdot \delta}, s > s_a \tag{3-119}$$

其中参数为：

$$\delta = \frac{2+3\lambda}{\lambda} \tag{3-120}$$

$$\lambda = \frac{s_{\mathrm{a}}a\left(\frac{e}{1+e}\right)^{\frac{1}{b}}}{1+\left(\frac{e}{1+e}\right)^{\frac{1}{b}}-s_{\mathrm{a}}a\left(\frac{e}{1+e}\right)^{\frac{1}{b}}} \tag{3-121}$$

Childs & Collis-george 建议的概率统计模型为：

$$k_{\mathrm{w}}(\theta_{\mathrm{w}})_i = \frac{k_{\mathrm{s}}}{k_{\mathrm{sc}}}\frac{T_{\mathrm{s}}^2\rho_{\mathrm{w}}g\theta_{\mathrm{s}}^p}{2\mu_{\mathrm{w}}N^2}\sum_{j=i}^{m}\left[(2j+1-2i)(u_{\mathrm{a}}-u_{\mathrm{w}})_j^{-2}\right]i=1,2,\cdots,m \tag{3-122}$$

$$k_{\mathrm{sc}} = A_{\mathrm{d}}\sum_{j=i}^{m}\left[(2j+1-2i)(u_{\mathrm{a}}-u_{\mathrm{w}})_j^{-2}\right]i=0,1,2,\cdots,m \tag{3-123}$$

依据土水特征曲线划分为 m 个区间，可分别计算区间中点吸力值对应的渗透系数，本小节式中各参数的物理意义见 3.4.1 小节。

3.4.4 渗透系数预测

采用 Brooks&Corey 建议的渗透系数经验模型 [式（3-118）～式（3-121）]，模型中共包含 θ_{s}、θ_{r}、n、α、e_0、b、s_{a}、a、k_{s} 共九个参数，其中 θ_{s}、θ_{r}、n、α 四个参数的标定方法同 3.2 节中提到的方法，e_0 为某一初始孔隙比，此处取 0.85，而通过孔隙与评价孔隙半径的关系标定 b，对于不同孔隙比时的土体 b 也有所不同，通过拟合分别得到孔隙比为 0.8 时 b 为 0.15，孔隙比为 0.75 时 b 为 0.2，孔隙比为 0.7 时 b 为 0.25，孔隙比为 0.65 时 b 为 0.3，孔隙比为 0.6 时 b 为 0.35，a 采用文献 [69] 中的方法确定，s_{a} 为进气吸力，对于本次模型取 8kPa，k_{s} 为饱和黄土渗透系数，通过试验分别测定孔隙比为 0.8、0.75、0.7、0.65、0.6 时的饱和渗透系数分别为 3.5×10^{-6}、3.0×10^{-6}、2.41×10^{-6}、1.85×10^{-6}、1.03×10^{-6} m/s。另外，饱和土渗透系数还可采用太沙基经验公式或水科院渗透系数经验公式等进行预估，本章主要关注非饱和渗透系数，饱和渗透系数不作过多讨论。最终得到模型参数值如表 3-5 所示。

渗透系数模型参数   表 3-5

项目	θ_{s} (kPa)	θ_{r} (kPa)	n	α	a	s_{a} (kPa)	k_{s} (m/s)
参数值	0.455	0.095	2.0	0.015	0.8	8	3.5×10^{-6}

首先根据式（3-120）和式（3-121）计算得到不同孔隙比条件下的孔隙尺寸参数 λ，进而求得不同孔隙比时的 δ 值，进而结合式（3-119）得到不同孔隙比条件下，渗透系数与体积含水率（吸力）的关系，即得到了渗透系数在不同孔隙比和体积含水率下的三维空间曲面。

图 3-25 给出了不同孔隙比时不同吸力值所对应的渗透系数，可以看出，渗透系数随着吸力的增加逐渐降低，并且低吸力段渗透系数变化较为敏感，当吸力超过 200kPa 时，渗透系数已经非常小且随吸力的进一步增加变化不大，说明非饱和黄土渗透系数与初始吸力变化关系明显，另外孔隙比不同对渗透系数也有影响，同一吸力值时，孔隙比越大渗透系数越小。图 3-26 给出了不同孔隙比时体积含水率与渗透系

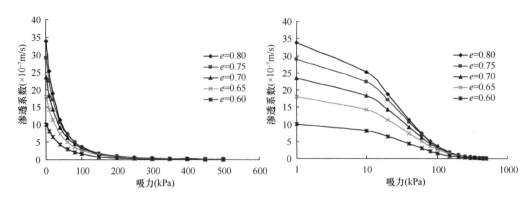

图 3-25　不同孔隙比时各吸力值对应的渗透系数

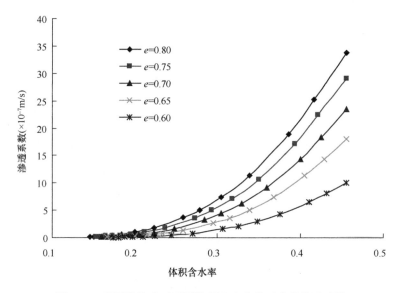

图 3-26　不同孔隙比时不同体积含水率值对应的渗透系数

数的变化关系，可看出，随着土体体积含水率增加渗透系数也逐渐增大，体积含水率达到饱和时，渗透系数变为饱和土体渗透系数；体积含水率较低时，渗透系数变化值较小，随着体积含水率增大，渗透系数变化也更加敏感，因为体积含水率低时，吸力较大，土体内水分渗流非常困难，渗透系数变化也较小；同一体积含水率时，孔隙比越大渗透系数越大，对于大孔隙结构的非饱和黄土，孔隙变化对渗透系数的影响不可忽略。图 3-27 所示为渗透系数与体积含水率和吸力的协同变化关系，通过考虑孔隙比变化对土水特征曲线的影响，并将其引入渗透系数计算中，可以充分考虑孔隙比不同对渗透系数变化的影响。

为了消除孔隙比引起的饱和渗透系数不同的影响，定义相对渗透系数 $k_r = k_w/k_s$，图 3-28 给出了不同孔隙比条件下，相对渗透系数与吸力及体积含水率的关系，相对渗透系数随吸力增加逐渐减小，随体积含水率的增加逐渐增加，体积含水率趋于饱和时，吸力值趋于零，此时相对渗透系数接近等于 1；体积含水率减小，吸力逐渐增加，渗透系数也逐渐减小，最终体积含水率趋于残余体积含水率，吸力值接近于无

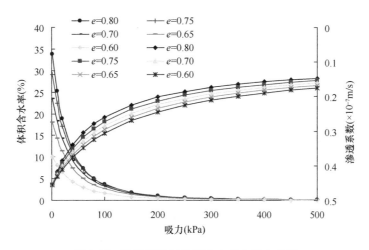

图 3-27 渗透系数与体积含水率和吸力关系

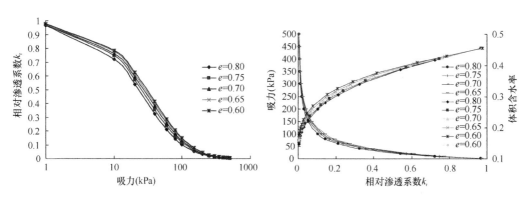

图 3-28 不同孔隙比时相对渗透系数与吸力和体积含水率关系

穷大，土体渗透系数也逐渐趋于 0；孔隙比对相对渗透系数影响规律与对渗透系数的影响规律一致，孔隙比较大时，同一吸力值的相对渗透系数越小，低吸力段相对渗透系数随吸力值增加降低较快，随着吸力值增加，相对渗透系数变化逐渐减小。

采用 Childs & Collis-george 建议的概率统计模型首先推导不同区间体积含水率所对应的吸力值，将饱和体积含水率 θ_s 和残余体积含水率 θ_r 划分为 m 个区间，得到每个区间所对应的体积含水率值，由不同区间段体积含水率值结合不同孔隙下的土水特征曲线就能得到对应的基质吸力，计算公式为：

$$s = \frac{\left[\left(\dfrac{\theta - \theta_r}{\theta_s - \theta_r} \right)^{-\frac{1}{m}} - 1 \right]^{\frac{1}{n}}}{\alpha \dfrac{\left(\dfrac{e_0}{1+e_0} \right)^{1/b} \left[1 - \left(\dfrac{e_i}{1+e_i} \right)^{1/b} \right]}{\left[1 - \left(\dfrac{e_0}{1+e_0} \right)^{1/b} \right] \left(\dfrac{e_i}{1+e_i} \right)^{1/b}}} \tag{3-124}$$

得到不同区间段对应的基质吸力后，结合式（3-122）和式（3-123）即可计算不同区间基质吸力所对应的渗透系数。可以看出模型共包含 θ_s、θ_r、n、α、e_0、b、m、k_s、

k_{sc}、A_d、T_s、ρ_w、g、μ_w、N、p、m_1 共 17 个参数，其中 θ_s、θ_r、n、α、e_0、b 为土水特征曲线参数，确定方法同 3.3.4 小节，m_1 为划分区间总数，本次计算取 40，k_s 为实测饱和渗透系数（m/s），取 3.5×10^{-6} m/s，k_{sc} 为计算饱和渗透系数（m/s），A_d 为调整因子 [m/(s·kPa)]，T_s 为水的表面张力（kN/m），取 7.28×10^{-5} kN/m，ρ_w 为水的密度（kg/m³），g 为重力加速度（N·s/m²），μ_w 为水的绝对黏度（N·s/m），取 100.5×10^{-5} N·s/m²，N 为饱和体积含水率与零体积含水率之间的总间断数，$N=m_1[\theta_s/(\theta_s-\theta_r)]$，$p$ 为考虑孔隙尺寸影响的常数，其值常取为 2，最终各参数取值汇总如表 3-6 所示。

渗透系数计算参数　　　　　表 3-6

项目	θ_s (kPa)	θ_r (kPa)	n	α	m	k_s (m/s)	m_1	μ_w (N·s/m)	p
参数值	0.455	0.095	2.0	0.015	0.8	3.5×10^{-6}	40	100.5×10^{-5}	2

根据 $N=m_1[\theta_s/(\theta_s-\theta_r)]$ 得到 $N=50.55555556$，结合式（3-106）计算得到 A_d 等于 2.09×10^{-6} m·s⁻¹·kPa，进而结合式（3-107）得到 $k_{sc}=2.533\times10^{-6}$ m/s，将根据式（3-124）得到的不同区间吸力值代入式（3-122）即可得到不同体积含水率和不同吸力值对应的渗透系数，不同孔隙比的影响已在土水特征曲线中考虑，及由式（3-124）计算不同区间吸力值时就考虑了不同孔隙比的影响，因此，最终可得到不同孔隙比条件下，渗透系数随体积含水率和基质吸力的变化规律，计算结果汇总见表 3-7。

不同体积含水率下的渗透系数（$\times10^{-7}$ m/s）　　表 3-7

区间	体积含水率	$e=0.80$	$e=0.75$	$e=0.70$	$e=0.65$	$e=0.60$
1	45.05	32.41915	20.00111	11.75217	6.523118	3.385602
2	44.15	27.59803	17.0267	10.00448	5.553052	2.882122
3	43.25	25.02111	15.43687	9.070328	5.034546	2.613009
4	42.35	22.94099	14.15353	8.31627	4.616001	2.395778
5	41.45	21.10755	13.02238	7.651633	4.24709	2.204307
6	40.55	17.89092	11.03787	6.485582	3.599865	1.868387
7	39.65	17.89092	11.03787	6.485582	3.599865	1.868387
8	38.75	16.4483	10.14784	5.962625	3.309595	1.717732
9	37.85	15.09627	9.313702	5.472505	3.03755	1.576537
10	36.95	13.82623	8.530143	5.012105	2.782002	1.443903
11	36.05	12.63203	7.793379	4.5792	2.541716	1.319191
12	35.15	11.50907	7.10056	4.172116	2.315761	1.201917
13	34.25	10.45368	6.449436	3.789532	2.103405	1.091701
14	33.35	9.462883	5.83816	3.430361	1.904045	0.98823
15	32.45	8.534122	5.265158	3.093679	1.717167	0.891237

续表

区间	体积含水率	$e=0.80$	$e=0.75$	$e=0.70$	$e=0.65$	$e=0.60$
16	31.55	7.665157	4.729047	2.778673	1.542321	0.800489
17	30.65	6.853964	4.228578	2.48461	1.379099	0.715775
18	29.75	6.098671	3.762598	2.210811	1.227125	0.636898
19	28.85	5.39751	3.330013	1.956635	1.086043	0.563674
20	27.95	4.748779	2.929777	1.721466	0.955511	0.495925
21	27.05	4.150821	2.560864	1.504701	0.835195	0.433479
22	26.15	3.601993	2.222263	1.305747	0.724764	0.376164
23	25.25	3.100654	1.91296	1.124009	0.623889	0.323808
24	24.35	2.645149	1.631934	0.958885	0.532236	0.276239
25	23.45	2.233794	1.378147	0.809766	0.449466	0.23328
26	22.55	1.864864	1.150534	0.676026	0.375233	0.194752
27	21.65	1.536583	0.948001	0.557022	0.309179	0.160469
28	20.75	1.247116	0.769413	0.452088	0.250935	0.130239
29	19.85	0.994551	0.613592	0.360532	0.200116	0.103863
30	18.95	0.776898	0.47931	0.281631	0.156321	0.081133
31	18.05	0.592071	0.365281	0.21463	0.119132	0.061831
32	17.15	0.437883	0.270153	0.158736	0.088107	0.045729
33	16.25	0.312028	0.192507	0.113112	0.062784	0.032586
34	15.35	0.212077	0.130842	0.076879	0.042672	0.022148
35	14.45	0.135456	0.08357	0.049104	0.027255	0.014146
36	13.55	0.079439	0.04901	0.028797	0.015984	0.008296
37	12.65	0.041127	0.025373	0.014909	0.008275	0.004295
38	11.75	0.017436	0.010757	0.006321	0.003508	0.001821
39	10.85	0.005073	0.00313	0.001839	0.001021	0.00053
40	9.95	0.000518	0.00032	0.000188	0.000104	5.41E-05

图 3-29 为采用 Childs & Collis-george 建议的概率统计模型得到的不同孔隙比时

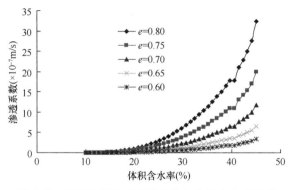

图 3-29　不同孔隙比时渗透系数与体积含水率关系

渗透系数与体积含水率关系，渗透系数预测规律与 Brooks & Corey 建议的渗透系数经验模型得到的结果一致（图 3-26）。可以看出孔隙变化对非饱和黄土的渗透系数影响较大，同一体积含水率条件下，孔隙比越大，渗透系数也越大，渗透系数与体积含水率的关系可用更为简单的指数函数来拟合，但不同孔隙比时，拟合参数不同。总体来看，通过考虑孔隙变化对黄土土水特征曲线的影响可以得到孔隙不同时，渗透系数随体积含水率的变化规律，即可以考虑不同孔隙变形对土体渗透系数的影响。但由于时间和精力有限，尚未开展不同孔隙比时非饱和黄土的渗透系数试验，模型适应性还需进一步的试验数据验证，下一步可进行此方面的研究工作。

3.5 小结

（1）采用 15bar 压力膜仪开展了原状黄土和不同孔隙比重塑黄土的土水特征试验，原状黄土的土水特征曲线分为快速减小阶段、缓慢减小阶段、稳定阶段三部分，进气吸力值为 10kPa 左右，当基质吸力小于 100kPa 时，体积含水率随基质吸力增加迅速减小；当基质吸力大于 100kPa 小于 400kPa 时，体积含水率随基质吸力增加呈现缓慢减小现象；当基质吸力大于 400kPa 时，体积含水率随基质吸力的变化进入稳定阶段。重塑黄土整体规律与原状黄土一致，但孔隙比对土水特征曲线影响较大，当孔隙比较大时，虽然初始体积含水率较大，但低吸力段体积含水率随吸力增加降低尤为明显；孔隙比较小时，初始体积含水率也相对较小，随着吸力值增加，体积含水率降低速率减小，土样排水能力减弱，持水能力增强。

（2）基于目前经典的土水特征曲线模型，分别采用 B-C 模型和 V-G 模型与试验结果进行了拟合对比，低吸力段 B-C 模型与试验结果相差较大，但是在高吸力段 B-C 模型与试验结果拟合较好；V-G 模型整体拟合效果良好，尤其在低吸力段其拟合效果要优于 B-C 模型，因此，对于非饱和黄土的土水特征曲线预测可以优选 V-G 模型。上述模型中均没有引入土体孔隙比的影响，不同孔隙比重塑黄土的土水特征曲线拟合需要大量试验与参数标定工作，提出一种考虑孔隙比影响的土水特征曲线模型来预测不同孔隙比土体的土水特征曲线的变化就显得具有实用性意义，可以大大减少土体土水特性的测试工作。

（3）以第 2 章微观孔隙结构研究为基础，提出孔隙变形对孔隙分布函数的影响规律，基于经典的 V-G 模型建立考虑孔隙变化的土水特征曲线模型：

$$S_e = \left\{ 1 + \left\{ \alpha \frac{\left(\frac{e_0}{1+e_0}\right)^{1/b}\left[1-\left(\frac{e_i}{1+e_i}\right)^{1/b}\right]}{\left[1-\left(\frac{e_0}{1+e_0}\right)^{1/b}\right]\left(\frac{e_i}{1+e_i}\right)^{1/b}} s \right\}^n \right\}^{-m}$$
，当不考虑孔隙比影响时，即可取初

始状态 $e_i = e_0$，此时土水特征曲线退化为 V-G 模型。

（4）结合初始孔隙比重塑黄土土水特征试验数据，标定所建立模型的参数，采用所建立模型预测不同孔隙比重塑黄土的土水特征曲线，给出了不同孔隙比时的模型预测结果与试验结果的对比情况。可以看出，除了初始段模型预测结果与试验结果有所偏差，吸力大于 100kPa 时的预测结果与试验结果吻合较好，说明采用考虑孔隙变化的土水特征曲线来描述黄土的土水特征更切合实际。

（5）结合所建立的考虑孔隙变形影响的土水特征曲线模型，并结合现有渗透系数的间接计算方法，推导出考虑孔隙变形影响的非饱和黄土渗透系数模型，并依据土水特征测试数据，预测了不同孔隙变形条件下，渗透系数随吸力（体积含水率）的变化规律，定义了相对渗透系数，分析了孔隙变形对非饱和黄土渗透性的影响，同一吸力值时，孔隙比越大相对渗透系数越小，低吸力段相对渗透系数随吸力值增加降低较快，变化逐渐减小。

第4章 浸水条件下非饱和黄土水力耦合数学模型描述

4.1 引言

浸水条件下非饱和黄土的水力耦合本构模型是数值分析和理论计算分析的重要基础，目前多数数值分析软件中虽然自带了众多的本构模型供用户选择，岩石材料或常规岩土材料均可选用现有的本构模型来进行研究，然而却没有一个适用于黄土湿陷性描述的本构模型，究其原因是理论本构建模方面存在不足。众所周知，要建立浸水条件下描述黄土湿陷的本构模型较为困难，有些学者已经在这方面作了一些有益的尝试，但黄土浸水后物理力学性质差异巨大。以往的研究多是基于弹塑性理论或损伤理论框架开展的，要考虑黄土浸水前后性质的描述存在极大的局限性，如浸水前黄土强度较大。应力-应变关系可能符合线弹性理论，但浸水后强度变化较大，应力-应变关系可能转换为弹塑性变化，两者无法用同一套理论进行描述。要得到数值软件中描述黄土浸水湿陷的本构模型需要开展大量的工作，如首先建立符合规律性的理论模型，进而利用编程语言结合理论模型对软件进行二次开发，调试完善后形成用户可调用的本构模型，工作量较大。本章基于前述黄土浸水前后力学特性变化，力求在黄土浸水本构理论模型方面作出尝试，可为后续系统的黄土浸水本构模型建立及开发抛砖引玉。

非饱和黄土实际上可看成是一种多孔介质，本章摒弃传统弹塑性理论建模思路，引入热力学与多孔介质力学理论，在第3章黄土浸水力学特性变化的基础之上，结合热力学守恒原理及多孔介质力学假定，研究非饱和黄土的水力耦合本构模型。土体材料就是一种典型的多孔介质材料，因此，采用多孔介质力学来研究非饱和黄土具有理论基础，事实上多孔介质体是非连续的，而多孔介质力学要在微观上使得固相和液相统一起来，其核心思想就是将多孔介质看作是多个连续介质的叠加体，每个介质体（如固体颗粒、孔隙水、孔隙气等）有着各自独有的运动规律，它们之间会相互交换能量，通过转换初始状态的各项控制方程求解。本章首先介绍多孔介质力学基本原理，进而结合非饱和黄土作出一系列假定，推导出非饱和黄土的水力耦合模型，以期在非饱和黄土浸水本构理论建模方面作出探索，为后续研究提供基础。

4.2　多孔介质力学基础

4.2.1　孔隙介质连续性方法

1. 连续变形推导

饱和土体由颗粒基质体和颗粒间孔隙空间组成，若孔隙空间完全由液体填充，则土体内部空间是连续的，因此，完全饱和土中的液相也是连续的。基质体由固体颗粒和颗粒内部封闭气泡组成，土体孔隙比不包括颗粒内部的封闭孔隙部分，仅仅是指土体内连续孔隙占土体总体积的比值，颗粒内封闭气泡可看作是固体颗粒的一部分，故基质体也是连续的；若非饱和土体内部孔隙开始进入空气，形成固液气三相介质，则具有三相特点的非饱和土便具有更加复杂的力学性质。多孔介质本质上可看作是两个连续体的叠加体：骨架连续（skeleton continuum）和液相连续（fluid continuum），因此，非饱和土的固相和液相均可认为是连续介质，其变形可看作是连续变形。

骨架连续变形推导如下：选定初始时刻 $t = 0$，骨架颗粒的位置向量为 X（元素为 X_i），笛卡尔坐标系中单位向量为 (e_1, e_2, e_3)，任意时刻 t 的位置向量为：

$$X = X_i e_i \tag{4-1}$$

$$x = x_i(X_j, t) e_i \tag{4-2}$$

初始状态取一个极小单元，向量表示为 $\mathrm{d}X$，极小单元的位置可由 $X + \mathrm{d}X$ 确定，变形后达到新的状态，$\mathrm{d}X$ 通过变形变化为 $\mathrm{d}x$，则有：

$$\mathrm{d}x = F\mathrm{d}X \tag{4-3}$$

式中，$F = \nabla_X x$；$F_{ij} = \dfrac{\partial x_i}{\partial X_j}$，$\nabla_X$ 为与初始状态相关的微分算子，F 即为变形梯度。

令 $\zeta(X, t)$ 为颗粒的位移矢量，则初始和当前状态关系为：

$$x = X + \zeta \tag{4-4}$$

因此，变形梯度可用位移矢量表示为：

$$F = 1 + \nabla_X \zeta;\ F_{ij} = \delta_{ij} + \frac{\partial \zeta_i}{\partial X_j} \tag{4-5}$$

其中，δ_{ij} 为 Kronecker 符号，满足关系：如果 $i = j$，则 $\delta_{ij} = 1$；如果 $i \neq j$，则 $\delta_{ij} = 0$。

任意时刻微元体的体积表示为：

$$\mathrm{d}\Omega_t = (\mathrm{d}x_1, \mathrm{d}x_2, \mathrm{d}x_3) \tag{4-6}$$

其中 $\mathrm{d}x_i = \mathrm{d}x_i e_i$，则有：

$$\mathrm{d}\Omega_t = (F\mathrm{d}X_1, F\mathrm{d}X_2, F\mathrm{d}X_3) = \mathrm{de}_t F(\mathrm{d}X_1, \mathrm{d}X_2, \mathrm{d}X_3) = J\mathrm{d}\Omega_0 \tag{4-7}$$

式中，$J = \mathrm{de}_t F$ 为变形 Jacobian 矩阵。

定义 n 为欧拉孔隙度，ϕ 为拉格朗日孔隙度，当前状态微元体的体积与初始状态体积的关系满足：

$$\phi d\Omega_0 = nd\Omega_t ; \phi = Jn \tag{4-8}$$

孔隙比为 e，则孔隙比与欧拉孔隙度的关系为：

$$e = \frac{n}{1-n} \tag{4-9}$$

2. 应变张量表达

位置矢量和变形矢量的关系可表示为：

$$dx = F \cdot dX ; dy = F \cdot dY ; dx \cdot dy - dX \cdot dY = 2dX \cdot \Delta \cdot dY \tag{4-10}$$

式中，$\Delta = \frac{1}{2}('F \cdot F - 1)$ 为 Green-Lagrange 应变张量，用位移矢量可以表示为：

$$\Delta_{ij} = \frac{1}{2} \left(\frac{\partial \xi_i}{\partial X_j} + \frac{\partial \xi_j}{\partial X_i} + \frac{\partial \xi_k}{\partial X_i} \frac{\partial \xi_k}{\partial X_j} \right) \tag{4-11}$$

对于小变形而言，满足条件：

$$\| \nabla \xi \| \ll 1 \tag{4-12}$$

则应变张量与 Green-Lagrange 张量的关系满足：

$$\Delta \simeq \varepsilon = \frac{1}{2} (\nabla \xi + {}^t \nabla \xi) ; \varepsilon_{ij} = \frac{1}{2} \left(\frac{\partial \xi_i}{\partial x_j} + \frac{\partial \xi_j}{\partial x_i} \right) \tag{4-13}$$

土体的体应变 ε_v 为：

$$\varepsilon_v = \varepsilon_{ii} = \nabla \xi \tag{4-14}$$

任意时刻的体积改变量与初始参考状态的体积关系满足：

$$d\Omega_t \simeq (1 + \varepsilon_v) d\Omega_0 \tag{4-15}$$

固体颗粒体积改变量的关系满足：

$$d\Omega_t^s \simeq (1 + \varepsilon_v^s) d\Omega_0^s \tag{4-16}$$

结合欧拉孔隙度和拉格朗日孔隙度的关系可得：

$$d\Omega_t^s \simeq (1-n) d\Omega_t = d\Omega_t - \phi d\Omega_0 \tag{4-17}$$

$$d\Omega_0^s \simeq (1-\phi_0) d\Omega_0 \tag{4-18}$$

进一步得到体应变为：

$$\varepsilon_v = (1-\phi_0) \varepsilon_v^s + \phi - \phi_0 \tag{4-19}$$

3. 介质颗粒运动推导

首先定义介质颗粒的速度场为 $V^\pi(x,t)$，则有：

$$\frac{d^\pi x}{dt} = V^\pi(x,t) \tag{4-20}$$

$$\frac{d^\pi}{dt}(d\Omega_t) = \frac{d^\pi}{dt}(dx_1, dx_2, dx_3) = \left(\frac{\partial V_1^\pi}{\partial x_1} + \frac{\partial V_2^\pi}{\partial x_2} + \frac{\partial V_3^\pi}{\partial x_3} \right) (dx_1, dx_2, dx_3) \tag{4-21}$$

介质颗粒的加速度为速度的导数：

$$\gamma^\pi = \frac{d^\pi V^\pi}{dt} = \frac{\partial V^\pi}{\partial t} + (\nabla_x V^\pi) \cdot V^\pi \tag{4-22}$$

$$\gamma_i^\pi = \frac{\partial V_i^\pi}{\partial t} + \frac{\partial V_i^\pi}{\partial x_j} V_j^\pi \tag{4-23}$$

4.2.2　连续性基本定律

1. 质量平衡

假定 ρ_s、ρ_f 分别为固体颗粒和液体的密度，在体积为 $d\Omega_t$ 时可以得到 $\rho_s(1-n)d\Omega_t$ 和 $\rho_f n d\Omega_t$ 分别为骨架质量和液体水质量，两者的质量密度分别表示为 $\rho_s(1-n)$ 和 $\rho_f n$，当两者没有质量交换时，质量平衡条件为：

$$\frac{d^s}{dt}\int_{\Omega_t}\rho_s(1-n)d\Omega_t = 0 \tag{4-24}$$

$$\frac{d^f}{dt}\int_{\Omega_t}\rho_f n d\Omega_t = 0 \tag{4-25}$$

欧拉连续方程表示为：

$$\frac{\partial[\rho_s(1-n)]}{\partial t} + \nabla_x[\rho_s(1-n)V^s] = 0 \tag{4-26}$$

$$\frac{\partial(\rho_f n)}{\partial t} + \nabla_x[\rho_f n V^f] = 0 \tag{4-27}$$

2. 动量守恒

介质体通常受到各种力的作用，例如体力和面力等，微元体上作用的极小体力为 δf，其与位置矢量 x 和时间 t 相关，在 $d\Omega_t$ 作用下的力可表示为：

$$\delta f = \rho f(x,t)d\Omega_t \tag{4-28}$$

式中，ρ 为微元体的均匀化密度，满足 $\rho = \rho_s(1-n) + \rho_f n$。

作用在微元体表面的力为面力，记为 δT，面力除了与位置矢量 x 和时间 t 相关外，还与法向向量 n 有关，表达为：

$$\delta T = T(x,t,n)da \tag{4-29}$$

动量平衡关系如下：

$$\frac{d^s}{dt}\int_{\Omega_t}\rho_s(1-n)V^s d\Omega_t + \frac{d^f}{dt}\int_{\Omega_t}\rho_f n V^f d\Omega_t = \int_{\Omega_t}\rho f(x,t)d\Omega_t + \int_{\Omega_t}T(x,t,n)da \tag{4-30}$$

式中，$\rho_s(1-n)V^s d\Omega_t$ 和 $\rho_f n V^f d\Omega_t$ 分别代表土颗粒和液相的动量。

进一步地结合式（4-30）可以得到：

$$\int_{\Omega_t}[\rho_s(1-n)\gamma^s + \rho_f n\gamma^f]d\Omega_t = \int_{\Omega_t}\rho f(x,t)d\Omega_t + \int_{\Omega_t}T(x,t,n)da \tag{4-31}$$

式中，$[\rho_s(1-n)\gamma^s + \rho_f n\gamma^f]d\Omega_t$ 为作用于微元体上的动力。

3. 流动定律

1）Darcy 定律

不论饱和土还是非饱和土内孔隙水流动均遵循 Darcy 定律，表述为：

$$v = ki \tag{4-32}$$

其中，v 为流速，k 为渗透系数，i 为水头梯度，而流速又可表示为 $v = n(V^f - V^s)$，$i = -\nabla_x p + \rho_f(f - \gamma^f)$，因此，Darcy 定律可重新表达为：

$$v = ki \; ; n(V^f - V^s) = k\big[-\nabla_x p + \rho_f(f - \gamma^f)\big] \tag{4-33}$$

2）Fick 定律

非饱和土中气相流动可采用 Fick 定律来描述。以土颗粒作为参考系，单位面积或单位体积的土中气体遵循以下形式：

$$J_a = -D_a \frac{\partial C}{\partial y} \tag{4-34}$$

式中，J_a 为单位面积空气质量，D_a 为气相传导常数，$\frac{\partial C}{\partial y}$ 为空气浓度梯度。单位土体空气浓度又表达为：

$$C = \frac{M_a}{V_a/(1-S)n} = \rho_a(1-S)n \tag{4-35}$$

式中，M_a 为土中空气质量，V_a 为土中空气体积，S 为饱和度，n 为孔隙率，ρ_a 为空气密度。

空气密度与绝对气压有关，故式（4-34）又可以用孔隙气压力梯度表示为：

$$J_a = -D_a \frac{\partial C}{\partial u_a} \frac{\partial u_a}{\partial y} \tag{4-36}$$

式中，u_a 为土体孔隙气压力，$\frac{\partial u_a}{\partial y}$ 为孔隙气压力梯度，引入修正系数 D_a^*，修正的 Fick 定律表达为：

$$J_a = -D_a^* \frac{\partial u_a}{\partial y} \tag{4-37}$$

其中，修正系数 $D_a^* = D_a \dfrac{\partial C}{\partial u_a} - D_a \dfrac{\partial[\rho_a(1-S)n]}{\partial u_a}$。

4.2.3　热动力学原理

热力学中一般用物质的质量 m、压力 p、温度 T 等来描述系统的热力学状态。热力学遵循四条基本定律：热力学第零定律、热力学第一定律、热力学第二定律和热力学第三定律。热力学第一定律描述了热平衡原理，其本质上即能量守恒定律，描述了热力学状态发生变化时，系统能量与功的关系，微分表达式为 $dU = \delta Q + \delta W$；热力学第二定律主要描述了熵增原理，即在绝热条件下系统变化后熵值永不减小；热力学第三定律是指在绝对零度时，系统的熵值为零。热力学第一定律和第二定律是其核心内容。

应用于多孔介质体 Ω_t 时，热力学第一定律的表达形式为：

$$\frac{d^s}{dt}\int_{\Omega_t} \rho_s(1-n)\Big[e_s + \frac{1}{2}(V^s)^2\Big]d\Omega_t + \frac{d^f}{dt}\int_{\Omega_t}\rho_f n\Big[e_f + \frac{1}{2}(V^f)^2\Big]d\Omega_t$$
$$= P_{f,T}(V^s, V^f) + \mathring{Q} \tag{4-38}$$

式中，$P_{f,T}(V^s, V^f)$ 为外力做的功；$\mathring{Q}$ 为热源，其表达式为：$\mathring{Q} = \int_{\partial\Omega_t} J_Q(x, n, t)\,da$。

结合动能定律，式（4-38）重新整理为：

$$\frac{\mathrm{d}^s}{\mathrm{d}t}\int_{\Omega_t}\rho_s(1-n)e_s\mathrm{d}\Omega_t + \frac{\mathrm{d}^f}{\mathrm{d}t}\int_{\Omega_t}\rho_f ne_f\mathrm{d}\Omega_t = P_{\mathrm{def}}(V^s,V^f) + \mathring{Q} \tag{4-39}$$

应用于多孔介质体 Ω_t 时，热力学第一定律的表达形式为：

$$\frac{\mathrm{d}^s}{\mathrm{d}t}\int_{\Omega_t}\rho_s(1-n)s_s\mathrm{d}\Omega_t + \frac{\mathrm{d}^f}{\mathrm{d}t}\int_{\Omega_t}\rho_f ns_f\mathrm{d}\Omega_t \geqslant \int_{\Omega_t} -\frac{q\cdot n}{T}\mathrm{d}a \tag{4-40}$$

式中，s_s 为微元体的熵值。

4.3 非饱和土本构模型数学描述

4.3.1 土体状态定义

地下水位变化等因素可能引起土体饱和状态的变化，地下水位上升使得土体处于高饱和度状态（饱和度达 80% 甚至更高），颗粒间孔隙完全充满自由水，认为此时土中液相（包括自由水和溶于水的气体）是连续的。随着饱和度降低，空气开始进入土体内部，饱和度进一步降低时土中气相（未溶于水的气体）逐渐以封闭气泡的形式裹入于粒间孔隙中，随着饱和度再次降低后，孔隙中气泡变为连续，并可能与外界联通，土体正式进入不饱和状态。定义土体饱和状态分为三种：不饱和（US）状态、准饱和（QS）状态和全饱和（FS）状态。不饱和状态，液相和气相都是连续的，并且与土体介质的外部边界面相通；准饱和状态，液相连续，而气相不连续，连续液相中包含独立的空气包（air pockets）；全饱和状态，全部的气相完全溶解或排出，土体内部孔隙完全由孔隙水占据（土体三个状态描述见图4-1）。准饱和状态由于封闭气泡（occluded bubbles）的存在，使得土的力学性质受到很大影响，主要表现为：孔隙水中的封闭气泡具有溶解性，一定压力下孔隙水中空气会溶于水，使得液相也具有更高的压缩性；液相和气相同时存在，使得表面张力和吸力效应更明显，增加了土体的强度和刚度，上述两个现象的存在使得准饱和土的力学行为更加复杂。通过理解物理力学现象，建立一个针对准饱和土的本构模型具有实用意义，模型中应包括固体框架、液体水、封闭空气以及相互之间的交界面。然而，在特定的饱和度下，尚没有一个饱和土本构模型或非饱和土本构模型能够准确模拟压实土的力学行为。过去几十年，学者们对非饱和土进行了大量的理论和试验研究，这大大推进了土的弹塑性本构模型的发展，一些模型能准确模拟非饱和土或饱和土的力学性质，但是非饱和土到饱和土的转换状态（准饱和状态）研究尚少。摒弃传统的弹塑性理论，在热力学框架内，基于多孔介质的多相耦合原理，建立严格的理论模型来描述土体随着时间和空间饱和状态的转换和演化，进而考虑黄土浸水湿陷过程的本构关系变化。

大部分情况下，土体的各种饱和状态可以同时存在和演化，为不失普遍性，认为气相连续为一般状态，为了保证时间和空间的连续性，采用一致性描述方法。孔隙内气相分为两个部分，两部分气相之间可以自由交换。第一部分为随着饱和度增加连续气相消失前，吸湿过程中被水浸入的部分，此部分气相标记为 aG；其余部分为随饱和度进一步增加，饱和度达到阈值 S_e 时，以独立气泡裹入液相的部分，这部分标记为 aS。如前所述，大写 S 代表这部分空气与固体框架有相同的运动形式，采用这一概念，饱和度表达为：

$$S_\mathrm{L} = 1 - S_\mathrm{aG} - S_\mathrm{aS} \tag{4-41}$$

其中，S_aG 为当前孔隙体积中气相占据的部分，且当 $S_\mathrm{L} = S_\mathrm{e}$（或 $s = s_\mathrm{e}$）时将会被液相侵入，S_aS 为其余裹入空气（entrapped air）占据的部分，此部分不会被液相浸入，其运动形态可认为与固相一致。

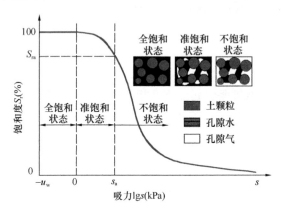

图 4-1 土体状态定义

4.3.2 基本假定

不饱和土属于多孔介质范畴，一般认为由固体骨架（S）、粒间孔隙组成，其中粒间孔隙又由孔隙水（L）和孔隙气（G）组成。取土体代表体积单元（REV，representative elementary volume）记作 $\mathrm{d}\Omega$，多孔介质的拉格朗日孔隙率 Φ 定义为孔隙体积和初始总体积之比，孔隙液体以饱和度 S_L 衡量，饱和度定义为液体体积与孔隙体积之比，孔隙比 e 定义为当前孔隙体积与固体颗粒体积之比，即有如下表达：

$$\Phi = \frac{\mathrm{d}\Omega_\mathrm{L} + \mathrm{d}\Omega_\mathrm{G}}{\mathrm{d}\Omega_0} \tag{4-42}$$

$$S_\mathrm{L} = \frac{\mathrm{d}\Omega_\mathrm{L}}{\mathrm{d}\Omega_\mathrm{L} + \mathrm{d}\Omega_\mathrm{G}} \tag{4-43}$$

$$e = \frac{\mathrm{d}\Omega_\mathrm{L} + \mathrm{d}\Omega_\mathrm{G}}{\mathrm{d}\Omega_\mathrm{S}} \tag{4-44}$$

其中，$\mathrm{d}\Omega_\mathrm{L}$ 为代表体积单元中液相的体积，$\mathrm{d}\Omega_\mathrm{G}$ 为代表体积单元中气相的体积，$\mathrm{d}\Omega_\mathrm{S}$ 为代表体积单元中固相的体积，$\mathrm{d}\Omega_0$ 为代表体积单元初始状态总体积。假定 $\mathrm{d}\Omega_\mathrm{S}$ 为常数，即忽略固体体积变形，则有：

$$\Phi = J \frac{e}{1+e} = \frac{e}{1+e_0} \tag{4-45}$$

其中，J 为雅可比矩阵，满足 $J = \dfrac{\mathrm{d}\Omega_0}{\mathrm{d}\Omega}$，$e_0$ 为初始孔隙比，满足 $e_0 = \dfrac{\mathrm{d}\Omega_\mathrm{L}^0 + \mathrm{d}\Omega_\mathrm{G}^0}{\mathrm{d}\Omega_\mathrm{S}}$。

土体孔隙内液相包括液体水和可溶解空气（dissolved air），忽略其他可溶解物质，记作 $L = \{wL, aL\}$，前面小写字母代表种类，后面大写字母代表相。为了简化，假设气相只包括干燥空气，记作 $G = \{aG\}$，固相（S）一般包括固体框架，另外根据前述定义裹入空气和固体框架有相同的运动形态，所以把裹入空气考虑为固相的一部分，记作 $S = \{mS, aS\}$。当固体框架的位移和应变为无穷小时，雅可比矩阵变化也很小，因此，拉格朗日孔隙度可以认为与欧拉孔隙度一致，即以符号 Φ 代表孔隙度。

需要注意的是，由于气体溶解于水和气体由水中析出的发生，可溶解空气（aL）和气相空气（aS、aG）之间会发生质量交换。初始非饱和土吸湿后，水分侵入粒间孔隙中，使得土体介质中的空气逐渐排出，孔隙中水量增加导致液相与气相间的交界面半径 r_{LG} 增加，根据拉普拉斯定律（Laplace's law）：

$$s = \frac{C}{r_{LG}} \tag{4-46}$$

其中，s 为吸力，满足 $s = p_0 - p_L$，p_0 为孔隙气压力，p_L 为孔隙水压力，$C = 2T_s\cos\alpha$，T_s 为气液交界面的表面张力，α 为接触角。也可以表示为：

$$s = f(S_L) \tag{4-47}$$

式中，$f(S_L)$ 为饱和度函数，与粒间孔隙特征有关。因此，当空隙气压力 p_0 为常数时，空隙水压力增加会导致含水率增加。当饱和度超过某一特定阈值 S_e 时，空隙中的气相可能被分解为几个空气袋，这些空气袋附着于固体框架上，这一阶段，气体相对渗透系数为零，代表体积单元（REV）中的裹入空气体积为 $\Phi(1 - S_e)d\Omega_0$。

目前，已有很多研究来估计阈值 S_e 的数量级，结果表明，依据土体种类，S_e 变化范围为 $3\% \sim 22\%$。Faybishenko 和 Sakaguchi 的研究数据表明盐渍土和细土的阈值为 10% 左右，与饱和度阈值 S_e 相对应的毛细吸力值称为进气吸力（air entry suction），表示为 s_e。当吸力值小于进气吸力时，空隙中完全被带气泡的液体填充，此时液体的体积模量减小，它标志了气相从连续到不连续转化的转折点。通过试验数据，许多学者发现孔隙比增加时，s_e 会减小，且两者满足线性关系。因此，有如下假设：

$$s_e(e) = s_{e0} - k_1 e \tag{4-48}$$

其中，s_{e0} 为初始孔隙比对应的进气吸力，k_1 为土体参数，可通过试验确定。

土体中裹入空气以独立气泡的形式存在于空隙液体中，是不连续的，对于细粒土来说，毛细管尺寸较小。研究表明，这些独立的气泡难以自由地通过空隙空间，土体孔隙中空气分子的迁移只能以平流传输（advective transport）和费克扩散（fickian diffusion）的方式溶解于液体水中。因此，溶解现象是裹入空气分子在空隙空间中迁移的前提条件，这最终会导致空气气泡完全溶解消失。在上述稀释溶液（dilute solutions）的假定下，空气溶解于水中的多少与气体压力有关，可通过亨利定律（Henry's law）确定：

$$p_{aS} = K_H \frac{M_L}{M_G} m^{eq} \tag{4-49}$$

其中，p_{aS} 是裹入空气的气压力；m^{eq} 为裹入空气质量均衡时，单位质量液体水中所溶解空气的质量，$m^{eq} = \dfrac{m_{aL}^{eq}}{m_{wL}}$；$M_L$ 和 M_G 分别为水和空气的摩尔质量（molar mass）；K_H 为亨利常数，20℃时，K_H 约为 7300MPa。

然而上述关系在代表体积单元孔隙中稳定时才成立，为了表述全饱和状态（FS），引入变量 $m = \dfrac{m_{aL}}{m_{wL}}$，为单位质量液体中溶气质量，当仍有空气以气体形式存在于代表体积单元时，饱和度 $S_L < 1$，此时有 $m = m^{eq}$；当达到全饱和状态时，饱和度 $S_L = 1$，此时代表体积单元孔隙中所有空气均溶解，上述方程不再适用，有 $m \leqslant m^{eq}$，因此有：

$$(m - m^{eq})(1 - S_L) = 0 \ , 0 \leqslant m \leqslant m^{eq}, 0 \leqslant S_L \leqslant 1 \tag{4-50}$$

气体溶解过程与裹入空气气压相关，气压又与气液交界面形状相关，可通过杨-拉普拉斯定律（Yong-Laplace law）确定。Vaughan 讨论过，对于给定的裹入空气体积，空气分子集合可能以液相中半径为 r_a 的球体气泡形式存在，也可能是以与孔隙空间形状相适应的更复杂的几何形状存在，使得其表面积比（volume-to-surface）最大化，此时，气液交界面的半径 r_b 被孔隙半径束缚，且 r_b 大于 r_a。许多学者认为后一种情况更稳定，小气泡将会融合形成更大的空气泡。因为孔隙中溶解的特征时间（characteristic time）要比结构中小得多，小气泡的合并假定是瞬间发生的，即可假定空气泡将会以最大的半径形式存在于周围液体中。为了与上面的过程相对应，假设空气袋为简化的形式，且所有空气袋一致，并位于最大的孔隙半径 $r_e = \dfrac{C}{s_e}$ 中，因此，起泡/溶解（bubbling/dissolution）过程引起了空气袋体积的增加或减少，但是气液交界面的半径仍然是 r_e。

4.3.3 不同饱和状态的数学描述

1. 不饱和状态

多孔介质中只要气相保持连续时，就认为是处于非饱和状态。大气压力与孔隙水压力之差大于进气吸力时（$p_0 - p_L \geqslant s_e$），气相两部分（aS、aG）同时存在，两者相互联通，且压力相同，都等于大气压力：

$$p_G = p_{aS} = p_{aG} = p_0 \tag{4-51}$$

与上述假设一致，认为气体流向外表面是瞬时发生的，同时定义 S_{aS} 为常数，则满足：

$$S_{aS} = 1 - S_e \tag{4-52}$$

在此范围内，吸力和饱和度的关系可由土水特征曲线来描述。目前已经发展了针对不同材料的一系列形式相近的土水特征曲线模型，可以较为准确地描述各类材料的土水特征，本章采用第 3 章建立的考虑孔隙变形影响的土水特征曲线模型：

$$S_{\mathrm{e}} = \left\{ 1 + \left\{ \alpha \frac{\left(\frac{e_0}{1+e_0} \right)^{1/b} \left[1 - \left(\frac{e_i}{1+e_i} \right)^{1/b} \right]}{\left[1 - \left(\frac{e_0}{1+e_0} \right)^{1/b} \right] \left(\frac{e_i}{1+e_i} \right)^{1/b}} s \right\}^n \right\}^{-m} \quad (4\text{-}53)$$

则有：

$$S_{\mathrm{L}} = S_{\mathrm{e}} \left(\frac{s}{s_{\mathrm{e}}} \right)^{-\alpha} \quad (4\text{-}54)$$

$$S_{\mathrm{aG}} = S_{\mathrm{e}} \left[1 - \left(\frac{s}{s_{\mathrm{e}}} \right)^{-\alpha} \right] \quad (4\text{-}55)$$

当 $p_0 - p_{\mathrm{L}} = s_{\mathrm{e}}$ 时，S_{aG} 为 0。

2. 准饱和状态

当气相变得不连续时，此时有：

$$S_{\mathrm{aG}} = 0, p_0 - p_{\mathrm{L}} < s_{\mathrm{e}} \quad (4\text{-}56)$$

气相不再与外部联通，气压力可能超过大气压力。根据上面空气泡的描述，气压力和水压力之间关系为：

$$p_{\mathrm{G}} = p_{\mathrm{aS}} = p_{\mathrm{L}} + s_{\mathrm{e}} \quad (4\text{-}57)$$

上式确保了气压力变化的连续性，当土体从不饱和状态转化为准饱和状态时，满足 $p_0 - p_{\mathrm{L}} = s_{\mathrm{e}}$，$p_{\mathrm{G}} = p_0$。

3. 全饱和状态

裹入空气的数量随着溶于水的气体溶解率变化而变化。当所有的空气溶解后，土体孔隙全部被水充满，土体变为全饱和状态。全饱和状态的数学条件为 $S_{\mathrm{aS}} = 0$。整个不饱和状态至饱和状态演化过程中参数的变化描述规律如图 4-2 所示。

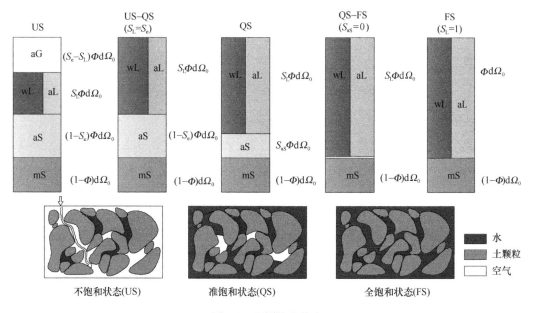

图 4-2　不同饱和状态

有的作者定义过更复杂的土体饱和状态，例如，为了描述低饱和状态，Denth 和

Salvager 引入了吸湿状态（hygroscopic domain），此时，液体可以被固体颗粒吸收，并且是不连续的，也有人把准饱和状态分解为两个不同的状态，分别考虑了高饱和状态下液相中只存在独立的气泡（air bubbles），低饱和状态下由于裹入空气形成的空气袋。然而，这样需要引入一个虚拟不连续体，这是不必要的，因为空气泡和空气袋都是陷入孔隙中，有相同的化学成分，而且在如此高饱和条件下，由于交界面张力产生的吸力效应可以忽略，它们的行为可以用相同的数学方程来描述。因此，本书中主要借鉴 Lai B. T. 对非饱和状态的描述定义，将土体饱和状态的演化简化看作不饱和、准饱和及全饱和三个状态，最终给出不同状态演化时各个参数的变化关系，如图 4-2 所示。

4.3.4　多孔介质力学模型

1. 不饱和至饱和的本构方程

假设多孔弹性固体符合小扰动假设（assumption of small perturbations），拉格朗日孔隙率和欧拉孔隙率近似相等（$\Phi \approx n$）。土力学应力应变法则符合：压应力为正，正的体积或线性应变意味着体积或长度收缩。

对于可逆变形，应用热力学第一定律和第二定律：

$$\sigma : \frac{\partial \varepsilon}{\partial t} + \pi \frac{\partial \Phi}{\partial t} - \Phi(p_{\mathrm{G}} - p_{\mathrm{L}}) \frac{\partial S_{\mathrm{L}}}{\partial t} - \frac{\partial \Psi^{\mathrm{s}}}{\partial t} = 0 \tag{4-58}$$

$$\pi = S_{\mathrm{L}} p_{\mathrm{L}} + (1 - S_{\mathrm{L}}) p_{\mathrm{G}} \tag{4-59}$$

其中，σ、ε 分别为应力、应变张量，π 为平均孔压，Ψ^{s} 为单位体积固体框架的自由能。固体框架变形忽略不计（土力学中常用的假设），孔隙变化与介质的体积变形相反，记作 $\varepsilon_{\mathrm{v}} = tr(\varepsilon)$（$\mathrm{d}\Phi = -\mathrm{d}\varepsilon_{\mathrm{v}}$）。此时，自由能看作是独立变量 ε 和 S_{L} 的函数，上式改写为：

$$(\sigma - \pi_1) : \frac{\partial \varepsilon}{\partial t} - \Phi(p_{\mathrm{G}} - p_{\mathrm{L}}) \frac{\partial S_{\mathrm{L}}}{\partial t} - \frac{\partial \Psi^{\mathrm{s}}}{\partial t} = 0 \tag{4-60}$$

其中，$(\sigma - \pi_1)$ 为有效应力（传递到固体框架上的应力）。

气液、固液、固气交界面均有各自的面能。固体框架的自由能 $\partial \Psi^{\mathrm{s}}(\varepsilon, S_{\mathrm{L}})$ 可以表示为固体基质自由能 $W(\varepsilon, S_{\mathrm{L}})$ 和交界面自由能 $U(S_{\mathrm{L}})$，后者与骨架变形无关，与饱和度有关。

$$\partial \Psi^{\mathrm{s}}(\varepsilon, S_{\mathrm{L}}) = W(\varepsilon, S_{\mathrm{L}}) + U(S_{\mathrm{L}}) \tag{4-61}$$

另外，含水率变化对交界面自由能的影响远远大于对固体骨架的影响，满足：

$$\frac{\partial W}{\partial S_{\mathrm{L}}} \ll \frac{\partial U}{\partial S_{\mathrm{L}}} \tag{4-62}$$

依据上述结论，状态方程简化为：

$$\sigma - \pi_1 = \frac{\partial W}{\partial \varepsilon}, \quad \Phi(p_{\mathrm{G}} - p_{\mathrm{L}}) = \frac{\mathrm{d}U}{\mathrm{d}S_{\mathrm{L}}} \tag{4-63}$$

假设各向同性线性多孔弹性，固体基质自由能为：

$$W = \frac{1}{2}\left\{K\left[tr(\varepsilon)\right]^2 + 2G\left[\varepsilon - \frac{tr(\varepsilon)}{3}1\right] : \left[\varepsilon - \frac{tr(\varepsilon)}{3}1\right]\right\} + (\sigma_0 - \pi_0 1) : \varepsilon \quad (4\text{-}64)$$

其中，K、G 分别为体积模量和剪切模量，σ_0、π_0 分别为初始状态的总应力张量和平均孔压。

则固体颗粒的本构方程为：

$$\mathrm{d}(\sigma - \pi_1) = \left(K - \frac{2}{3}G\right)\mathrm{d}\left[tr(\varepsilon)\right] + 2G\mathrm{d}\varepsilon \quad (4\text{-}65)$$

多孔介质代表体积单元动量守恒方程为：

$$div\sigma + \rho\vec{g} = 0 \quad (4\text{-}66)$$

其中，ρ 为孔隙介质密度。满足：

$$\rho = (1-n)\rho_s + nS_r\rho_L + n(1-S_r)\rho_G \quad (4\text{-}67)$$

又知道：

$$\varepsilon = \frac{1}{2}\left[\vec{\nabla}\vec{u} + (\vec{\nabla})^T\right] \quad (4\text{-}68)$$

其中，$\vec{u}$ 为位移向量。

结合固体颗粒本构方程和动量守恒方程可得 Navier's 方程：

$$\left(K + \frac{4}{3}G\right)\nabla^2\vec{u} + \left(K - \frac{1}{3}G\right)\vec{\nabla}\wedge(\vec{\nabla}\wedge\vec{u}) + \vec{\nabla}(\pi) + \rho\vec{g} = 0 \quad (4\text{-}69)$$

其中，$\vec{\nabla}\wedge\vec{u}$ 是 $\vec{u}$ 的转置，∇^2 为拉普拉斯算子。

2. 质量平衡方程

1）水的质量守恒

小应变假设下，水的质量守恒为：

$$\frac{1}{\rho_L^0}\frac{\partial m_{wL}}{\partial t} = \vec{\nabla}\left[D_L(\vec{\nabla}p_L - \rho_L\vec{g})\right] \quad (4\text{-}70)$$

其中，ρ_L 为液体的密度；m_{wL} 为单位初始总体积液体水的质量；D_L 为渗透系数，$D_L = \frac{k_0 k_r}{\eta_L}$，$\eta_L$ 为孔隙液体动力速度，$k_0 k_r$ 为固有和相对渗透性。其中，k_r 与饱和度有关，当饱和度为 1 时，k_r 也为 1，饱和度为 0 时，k_r 也为 0。考虑到，未考虑吸湿域，否则，相对渗透系数在饱和度为残余饱和度时就为 0 了，相对渗透系数和饱和度关系采用：

$$k_r = (S_r)^3 \quad (4\text{-}71)$$

假定液体水为弹性各向同性，液体压力和密度的关系为：

$$\frac{\mathrm{d}\rho_L}{\rho_L} = \frac{\mathrm{d}p_L}{K_L} \quad (4\text{-}72)$$

溶解空气的质量大大小于液体水的质量，合理假定 $m_{wL} = \rho_L\Phi S_L$。

而 $1 - \frac{\rho_L}{\rho_L^0} \ll 1$，由水质量守恒和压力-密度关系可以得到：

$$\frac{\partial S_L}{\partial t} + \frac{\Phi S_L}{K_L}\frac{\partial p_L}{\partial t} + S_L\frac{\partial\Phi}{\partial t} = \vec{\nabla}(D_L\vec{\nabla}p_L - D_L\rho_L^0\vec{g}) \quad (4\text{-}73)$$

2）溶气的质量守恒

溶质质量变化主要有三方面原因：

液相中溶气的平流运动；液相中溶气扩散；通过溶解和生泡过程与气相转换。

$$\frac{\partial m_{aL}}{\partial t} = \vec{\nabla}\big[\rho_L D_L (\vec{\nabla}p_L - \rho_L \vec{g})\big] + \vec{\nabla}(D_e \vec{\nabla}\rho_{aL}) + m_{G \to aL} \tag{4-74}$$

其中，$\rho_L D_L (\vec{\nabla}p_L - \rho_L \vec{g})$ 代表溶气的平流，遵循达西定律，散度 $\vec{\nabla}(D_e \vec{\nabla}\rho_{aL})$ 代表液相中溶气的扩散，最后一项 $m_{G \to aL}$ 是液相中的溶解/生泡率。D_L 为液相渗透系数，D_e 为溶气的有效扩散系数。又知道：

$$m_{aL} = \rho_L \Phi S_L m \tag{4-75}$$

$$\rho_{aL} = m\rho_L \tag{4-76}$$

所以，溶气质量守恒可写为：

$$\Phi S_L \frac{\partial m}{\partial t} + m\Big(\frac{\Phi S_L}{K_L}\frac{\partial p_L}{\partial t} + \Phi \frac{\partial S_L}{\partial t} + S_L \frac{\partial \Phi}{\partial t}\Big)$$

$$= \vec{\nabla}\big[m D_L (\vec{\nabla}p_L - \rho_L \vec{g}) + D_e \vec{\nabla}m\big] + \frac{m_{G \to aL}}{\rho_L} \tag{4-77}$$

3）空气的质量守恒

假定孔隙内空气符合完美气体定律：

$$m_{aG} = \frac{\Phi S_{aG} p_{aG} M_G}{RT} \tag{4-78}$$

$$m_{aS} = \frac{\Phi S_{aS} p_{aS} M_G}{RT} \tag{4-79}$$

其中，R 为理想气体常数，T 为开尔文绝对温度。

忽略蒸发（evaporation）和凝结（condensation phenomena）现象，空气质量守恒形式为：

$$\frac{\partial(m_{aG} + m_{aS})}{\partial t} = \vec{\nabla}\vec{\omega}_G - m_{G \to aL} \tag{4-80}$$

其中，$\vec{\nabla}\vec{\omega}_G$ 代表通过孔隙的通量。为了更深入地研究，需要区分不同饱和域、具有连续气相的不饱和域（US），气压时刻恒等于大气压 p_0，此时，孔隙内气相的质量变化可以简化为：

$$\frac{\partial m_{aG}}{\partial t} = \frac{\Phi S_{aG} p_0 M_G}{RT}\Big(\frac{1}{\Phi}\frac{\partial \Phi}{\partial t} + \frac{1}{S_{aG}}\frac{\partial S_{aG}}{\partial t}\Big) \tag{4-81}$$

$$m_{aS} = \frac{\Phi S_{aS} p_0 M_G}{RT}\frac{\partial \Phi}{\partial t} \tag{4-82}$$

$$p_0 - p_L > s_e \tag{4-83}$$

准饱和域（QS），$m_{aG} = 0$，此时裹入气体质量变化只与溶解和生泡有关：

$$\frac{\partial(m_{aS})}{\partial t} = - m_{aS \to aL} \tag{4-84}$$

$$p_0 - p_L < s_e \tag{4-85}$$

通过上式可计算 S_{aS} 的演化规律，根据气压、溶解率和孔隙比变化计算：

$$\frac{\partial S_{aS}}{\partial t} = -\frac{m_{G \to aL}}{\Phi \rho_G} - S_{aS}\left(\frac{1}{p_{aS}} \frac{\partial p_{aS}}{\partial t} + \frac{1}{\Phi} \frac{\partial \Phi}{\partial t}\right) \tag{4-86}$$

$$p_0 - p_L < s_e \tag{4-87}$$

$$\rho_G = \frac{p_{aS} M_G}{RT} = \text{气体密度} \tag{4-88}$$

3. 液相中空气溶解率计算

不饱和域和全饱和域中的 $m_{G \to aL}$ 为 0，准饱和域中，有平衡条件 $m = m^{eq}$，其中 m^{eq} 为等效质量比，由 Henry's law 确定。因此，$m_{G \to aL}$ 为：

$$\frac{m_{G \to aL}}{\rho_L} = \left[\Phi S_L \frac{\partial m^{eq}}{\partial t} + m^{eq}\left(\frac{\Phi S_L}{K_L} \frac{\partial p_L}{\partial t} + S_L \frac{\partial \Phi}{\partial t}\right)\right]$$
$$- \vec{\nabla}\left[m^{eq} D_L (\vec{\nabla} p_L - \rho_L \vec{g}) + D_e \vec{\nabla} m^{eq}\right] \tag{4-89}$$

理论上，上述方程适用于不饱和域和准饱和域，注意到，不饱和土 $p_{aS} = p_0$，准饱和土 $p_{aS} = p_L + s_e$，m^{eq} 满足如下条件：

$$m^{eq} = \frac{M_G\left[(1 - \beta_1) p_0 + \beta_1 (p_L + s_e)\right]}{K_H M_L} \tag{4-90}$$

$$\mathrm{d}m^{eq} = \frac{M_G}{K_H M_L} \beta_1 \mathrm{d}(p_L + s_e) \tag{4-91}$$

$$\beta_1 = H(s_e - p_0 + p_L) \tag{4-92}$$

式中，β_1 为赫维赛德函数。当 $x < 0$ 时 $H(x) = 0$，其余 $H(x) = 1$。不饱和域 β_1 为 0，准饱和域和全饱和域 β_1 为 1。

4. 系统控制方程

系统控制方程由动力守恒、质量守恒两部分组成。

动量守恒：$\left(K + \frac{4}{3} G\right) \vec{\nabla}^2 \vec{u} + \left(K - \frac{1}{3} G\right) \vec{\nabla} \wedge (\vec{\nabla} \wedge \vec{u}) + \vec{\nabla}(\pi) + \rho \vec{g} = 0 \tag{4-93}$

液体水质量守恒：$\dfrac{\partial S_L}{\partial t} + \dfrac{\Phi S_L}{K_L} \dfrac{\partial p_L}{\partial t} + S_L \dfrac{\partial \Phi}{\partial t} = \vec{\nabla}(D_L \vec{\nabla} p_L - D_L \rho_L^0 \vec{g}) \tag{4-94}$

溶气质量守恒：

$$\Phi S_L \frac{\partial m}{\partial t} + m\left(\frac{\Phi S_L}{K_L} \frac{\partial p_L}{\partial t} + \Phi \frac{\partial S_L}{\partial t} + S_L \frac{\partial \Phi}{\partial t}\right)$$
$$= \vec{\nabla}\left[m D_L (\vec{\nabla} p_L - \rho_L \vec{g}) + D_e \vec{\nabla} m\right] + \frac{m_{G \to aL}}{\rho_L} \tag{4-95}$$

气体质量守恒：$\dfrac{\partial(m_{aG} + m_{aS})}{\partial t} = \vec{\nabla} \vec{\omega}_G - m_{G \to aL} \tag{4-96}$

运用这些平衡关系，可以推导出基本未知量为 $\vec{u}$、p_L、m、S_{aS} 的微分方程。因此，平衡方程转化为：

$$A_1 \frac{\partial p_L}{\partial t} + A_2 \frac{\partial e}{\partial t} - \Phi \frac{\partial S_{aS}}{\partial t} = \vec{\nabla}(D_L \vec{\nabla} p_L)$$

$$\Phi S_L \frac{\partial m}{\partial t} + A_3 \frac{\partial p_L}{\partial t} + A_4 \frac{\partial e}{\partial t} + \Phi\left(\beta_1 \frac{\rho_G}{\rho_L} - m\right) \frac{\partial S_{aS}}{\partial t} = \vec{\nabla}\left[m D_L \vec{\nabla} p_L + D_e \vec{\nabla} m\right]$$

$$\Phi\left(m_{\mathrm{eq}} - \beta_1 \frac{\rho_{\mathrm{G}}}{\rho_{\mathrm{L}}}\right)\frac{\partial S_{\mathrm{aS}}}{\partial t} = \beta_2\left[A_5 \frac{\partial p_{\mathrm{L}}}{\partial t} + A_6 \frac{\partial e}{\partial t} - \vec{\nabla}(m D_{\mathrm{L}} \ \vec{\nabla} p_{\mathrm{L}} + D_{\mathrm{e}} \ \vec{\nabla} m)\right] \quad (4\text{-}97)$$

方程中准饱和域对应的 $\beta_2 = 1$，非饱和域和饱和域 $\beta_2 = 0$。

其余条件下，$de = (1 + e_0)\mathrm{d}(\vec{\nabla}\vec{u})$，$A_1$ 至 A_6 为与 e、p_{L}、S_{aS} 有关的系数。

$$A_1 = \Phi\left(\frac{S_{\mathrm{L}}}{K_{\mathrm{L}}} - \frac{\mathrm{d}S_{\mathrm{aG}}}{\mathrm{d}p_{\mathrm{L}}}\right), \quad A_4 = \Phi\left[m\frac{S_{\mathrm{L}}}{e} - m\frac{\mathrm{d}S_{\mathrm{aG}}}{\mathrm{d}e} + \beta_1\frac{\rho_{\mathrm{G}}}{\rho_{\mathrm{L}}}S_{\mathrm{aS}}\left(\frac{1}{e} - \frac{\beta_1 k_1}{p_{\mathrm{G}}}\right)\right]$$

$$A_2 = \Phi\left(-\frac{\mathrm{d}S_{\mathrm{aG}}}{\mathrm{d}e} + \frac{S_{\mathrm{L}}}{e}\right), \quad A_5 = \Phi\left[\left(m_{\mathrm{eq}}S_{\mathrm{L}} + \frac{\rho_{\mathrm{G}}}{\rho_{\mathrm{L}}}S_{\mathrm{aS}}\right)\frac{\beta_1}{p_{\mathrm{G}}} + m_{\mathrm{eq}}\frac{S_{\mathrm{L}}}{K_{\mathrm{L}}} - m_{\mathrm{eq}}\frac{\mathrm{d}S_{\mathrm{aG}}}{\mathrm{d}p_{\mathrm{L}}}\right]$$

$$A_3 = \Phi\left(m\frac{S_{\mathrm{L}}}{K_{\mathrm{L}}} - m\frac{\mathrm{d}S_{\mathrm{aG}}}{\mathrm{d}p_{\mathrm{L}}} + \beta_1\frac{\rho_{\mathrm{G}}}{\rho_{\mathrm{L}}}\frac{S_{\mathrm{aS}}}{p_{\mathrm{G}}}\right),$$

$$A_6 = \Phi\left[\left(m_{\mathrm{eq}}S_{\mathrm{L}} + \frac{\rho_{\mathrm{G}}}{\rho_{\mathrm{L}}}S_{\mathrm{aS}}\right)\left(\frac{1}{e} - \frac{\beta_1 k_1}{p_{\mathrm{G}}}\right) - m_{\mathrm{eq}}\frac{\mathrm{d}S_{\mathrm{aG}}}{\mathrm{d}p_{\mathrm{L}}}\right] \quad (4\text{-}98)$$

上式中，$m_{\mathrm{aS \to aL}}$ 为液相中空气的溶解/生泡率；$\mathrm{d}\Omega_{\mathrm{L}}$、$\mathrm{d}\Omega_{\mathrm{G}}$ 为代表体积单元中实际液体和气体的体积；D_{L} 为渗透系数；D_{e} 为有效扩散系数；K_{H} 为 Henry 常数；K_{L} 为水的体积模量；M_{G} 为空气的摩尔质量；M_{L} 为水的摩尔质量；S_{L} 为水的饱和度；S_{aS} 为裹入空气饱和度；S_{aG} 为当前被气体占据，但水侵入时就会被水占据的体积；S_{e} 为进气吸力对应的饱和度；e 为孔隙比；e_0 为初始孔隙比；k_0 为固有渗透系数；k_{ri} 为相对渗透系数；k_1 为土性参数 $(s_{\mathrm{e}} - e)$；m_{wL} 为液体水质量；m_{aL} 为可溶解空气质量；m_{aS} 为裹入空气质量；p_0 为大气压；p_{L} 为孔隙水压力；p_{G} 为孔隙气压力；p_{aS} 为裹入空气袋气压力；r_{LG} 为气液交界面的曲率半径；r_{e} 为进气吸力对应的气液交界面的曲率半径；s_{e0} 为进气吸力；ρ_{S} 为固体密度；ρ_{L} 为水密度；ρ_{G} 为气体密度；E 为杨氏模量；J 为雅可比矩阵；K 为体积模量；G 为剪切模量；R 为理想气体常数；T 为温度；m 为当前单位质量液体中可溶解空气的质量；m^{eq} 为平衡状态单位质量液体中可溶解空气的质量；s 为吸力；t 为时间；α 为土水特征曲线常数；γ 为表面张力；η 为水动力速度；π 为平均孔隙压力；π_0 为初始状态的平均孔隙压力；Φ 为孔隙度；ε 为应变张量；ε_{v} 为体积应变；σ 为总应力；σ' 为有效应力；σ_0 为初始状态总应力；u 为位移。

上述系统中基于热力学和多孔介质力学理论建立了描述不饱和状态变化的本构模型，同时建模时所用的土水特征曲线采用了第 3 章建立的考虑浸水孔隙变化影响的土水特征曲线模型，因此，上述本构方程中理论上不仅可以考虑浸水过程固-液-气三相介质相互转化对土体力学性质的影响，还可以考虑浸水引起的孔隙变化对土体力学性质的影响。但模型中仍然作了许多假定，如浸水过程中固体颗粒间的孔隙保持不变，这可能会对模型预测结果产生误差，上述模型的表现能力还需要大量的室内试验结果来进一步验证。

4.4　小结

（1）岩土材料本构模型是一切数值建模分析和理论分析的基础，建立岩土材料合理的本构模型是确保研究结果可靠性的前提。目前黄土浸水湿陷本构模型研究尚存在较大缺口，黄土浸水后物理力学性质差异巨大，以往的研究多是基于弹塑性理论或损伤理论框架开展的，要考虑黄土浸水前后性质的描述存在极大的局限性，无论是数值计算还是理论分析均无法直接合理考虑黄土浸水湿陷对结果的影响。

（2）为建立一个描述黄土浸水湿陷状态变化的本构模型，基于热力学和多孔介质力学基础，定义黄土分为非饱和状态、准饱和状态和全饱和状态，无论哪种状态土体均属于连续介质的叠加体。假定浸水过程颗粒内孔隙不发生变化，土中水渗流符合达西定律，水气转换符合能量守恒和质量守恒定律，采用数学方法描述非饱和黄土水力耦合作用下的状态变化。

（3）基于所建立的考虑孔隙变形的土水特性曲线模型，给出了不饱和状态的饱和度和吸力的变化关系，摒弃传统的弹塑性力学建模方法，在热力学和多孔介质力学框架内，建立不饱和状态至饱和状态的系统控制方程，形成描述水力耦合作用下非饱和黄土饱和状态转换的数学模型，模型可考虑黄土浸水湿陷力学性质的变化，还可考虑浸水引起的孔隙变形对本构模型的影响。本章研究内容可作为后续系统研究黄土浸水湿陷本构模型建立与数值软件二次开发的基础，要形成完整的可调用子程序尚需开展大量的理论与试验验证工作。

第 5 章　非饱和黄土浸水湿陷对地铁隧道受力影响试验

5.1　引言

前述几章从理论微观角度分析了湿陷性黄土的浸水特性变化，如浸水后微观结构演化机理、浸水孔隙变化后的土水特性与渗透特性以及考虑浸水后土体本构模型的数学描述。本章将在考虑黄土浸水特性变化的基础上回归到工程实际，从宏观角度研究土体浸水湿陷对既有建筑的影响，并依托目前研究热点地铁隧道来开展系列研究。目前西安地铁建设尚处于前期（只建成了 3 条线），这方面取得了一些研究成果，但还远远不够，例如湿陷性黄土地层浸水后对地铁隧道的影响到底如何，目前尚无定论。本章在前面几章理论研究非饱和黄土性质的基础上，利用相似模型试验的方法来研究黄土湿陷对地铁隧道结构受力的影响。研究表明，相似模型试验是岩土工程领域常用研究手段，相似模型试验相较于理论解析计算和数值模拟计算均具有不可比拟的优势。依据相似定理对实际工程问题进行缩尺，建立与实际工程相似的力学模型，在满足相似定理的前提下，其力学变化与实际工程具有相似的规律，成为研究地下工程围岩复杂非线性变形与破坏的有效手段。

本章研究思路为：制作能够实现不同地层浸水工况的试验模型箱；针对模型试验采用原状土样比较困难的客观条件，采用人工配制相似性湿陷性土体介质，在满足湿陷性土体与原状土体具有一致性的前提下，也尽量满足土体其余各项参数的相似性；分析隧道建设完成后可能引起地层浸水的几种因素，设计隧道基底围岩和周边围岩浸水工况，并考虑局部浸水和全局浸水不同情况，设计四组模型试验；通过量测不同浸水工况下隧道结构受力变化情况，评价非饱和湿陷性黄土地层浸水对地铁隧道结构的影响，并根据结果分析制定初步的基底剩余湿陷标准，为基底湿陷地层处理深度提供依据，同时也可为湿陷性黄土地区的地铁隧道结构设计提供参考。

5.2　依托工程概况

西安快速轨道交通临潼线始发于地铁一号线与六号线终点——纺织城站，区间布线为沿灞河西方向途经纺北路、福银高速展线，进而下穿灞河，途经纺园四路、田洪正街布线，路线长约 25.919km，全线共包含车站 15 座，平均站间距 1.796km，其中灞桥区内设纺织城站等 5 座车站，临潼区内包含紫霞三路站等 10 座车站。全线以地下线布置为主，地面线布置为辅，起点纺织城至紫霞三路区间以及芷阳五路至终点区间为地下线，紫霞三路及芷阳五路为地面线，芷阳五路站前凤凰池水库库底较深，线路变为地面以上，采用 200m 长简支梁桥穿越凤凰池水库。SYXLTKC-3 标含紫霞一路、芷阳五路、芷阳广场 3 座车站及紫霞三路—紫霞一路—芷阳五路—芷阳广场—大学城 4 个区间，线路正线长度约 6660m，本段线路紫霞三路—芷阳五路为地面线，芷阳广场—大学城为地下线，线路概况如图 5-1 所示。本章主要依托芷阳广场—大学城的地下线为主要研究对象，该区段湿陷性黄土厚度较大，且勘测结果表明现有地下水位低于地铁结构底板，但不能保证将来地下水位不发生变化。另外，此区间段由于地面线转地下线，某些区间隧道结构埋深较浅，可能受地面水源的影响较大，因此，考虑最不利工况影响，需研究不同浸水条件对隧道结构受力及变形的影响机制。

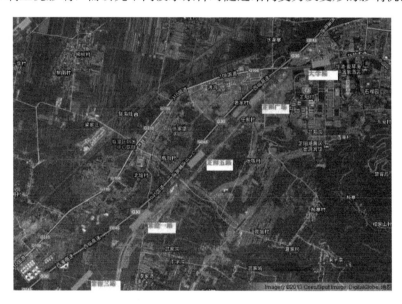

图 5-1 西安地铁临潼线

芷阳五路—芷阳广场线路区间段走向为南西—北东，南西起芷阳五路车站，北东至芷阳广场车站，区间里程 AK15＋850～YA17＋430，区间全长约 1580.0m，该区间为地上线转入地下线，区间沿线相关设计与施工参数列于表 5-1。

紫霞一路—芷阳五路相关参数   表 5-1

里程	线型结构形式	结构参数	设计施工方法
AK15＋850～AK16＋045	地上线	轨面埋深约 6.5～7.9m	挖方路堑
AK16＋045～AK16＋200	隧道	底板埋深约 9.1～10.5m	明挖法
AK16＋200～AK17＋430	隧道	底板埋深约 10.2～25.0m	暗挖＋盾构

依据设计资料给出的本区间区域地层特性对岩土层进行划分。各个岩土层分别按地层代号、岩土名、时代成因、岩性描述列于表 5-2 中。据室内湿陷性试验结果，结合场地地层条件，场地内湿陷性土层主要为②$_{11}$层黑垆土、③$_{1-1}$层新黄土、③$_{2-1}$层古土壤及④$_{1-1}$层老黄土。施工场地地形平坦，地貌单元为塬前洪积台地和洪庆河洪积扇，场地内主要包含杂填土、素填土、新近堆积黄土、黑垆土、新黄土、古土壤、粉

细砂、老黄土、粉质黏土、粗砂、卵石土等。据勘探资料，地下水位高程 387.36～399.92m，埋深约 37.9～45.5m，均位于结构基础以下。其中，洪紫区间 YCK9＋900 后，地下水位出现异常抬升，最大抬升幅度达 18.0m，水位埋深约 13.8～17.5m，主要是长期受企业生产、生活污水排放及管道渗漏补给引起。场地为自重湿陷性黄土场地，湿陷等级为Ⅳ级（很严重），局部区域为Ⅱ级（中等）或Ⅲ级（严重），湿陷性土层在场地内连续分布，湿陷性土层层底深度 10.0～31.3m。根据地下水迁移因素，此区间可能引起地层地下水改变，造成土体含水率变化，工程性质也发生变化，威胁地铁结构运营安全，因此，有必要开展湿陷性地层浸水对地铁隧道结构的影响研究。

地铁线路地层描述 表 5-2

地层编号	地质年代及成因	岩性描述	层厚（m）	层底深度（m）	层底高程（m）
①₁	Q₄ᵐˡ	杂填土：主要由砂砾、建筑垃圾及黏土构成，颗粒分布疏密不均，强度较低	0.50～2.10	2.50～2.10	439.77～444.36
①₂		素填土：主要由黏土构成，含灰渣及少量砖瓦碎块，颗粒分布疏密不均，塑性明显	0.50～2.00	0.50～4.00	437.65～442.90
②₁₁	Q₄¹ᵉˡ	黑垆土：发育针状孔隙，含钙质纹理，多为团聚体结构，$\bar{I}_L=0$，质地坚硬，$\delta_{s2.0}=0.021\sim0.0146$，有一定湿陷性	0.70～3.00	0.70～3.00	437.82～455.11
③₁₋₁	Q₃ᵉᵒˡ	新黄土：具有大孔隙、小虫孔结构，偶见蜗牛壳碎片，$\bar{I}_L=0$，原状质地坚硬，$\delta_{s2.0}=0.001\sim0.0194$ 湿陷性明显	1.20～12.60	1.20～14.90	426.35～447.11
③₂₋₁	Q₃ᵉˡ	古土壤：发育有针状小孔隙，含白色钙质纹理，团粒结构，具有钙质结块，局部形成约 40cm 厚土层，硬塑状态，$\delta_{s2.0}=0.001\sim0.107$ 有一定湿陷性	1.60～3.60	3.00～17.80	423.35～445.01
④₁₋₁	Q₂ᵉᵒˡ	老黄土：发育针状小孔隙，偶见大孔隙，含白色钙质纹理，$\bar{a}_{1-2}=0.19\text{MPa}^{-1}$，属中压缩性土，硬塑状态，有湿陷性	5.70～13.50	14.20～25.00	414.93～431.84
④₁₋₂		老黄土：黄褐色，发育针状小孔结构，可见白色钙质纹理，$\bar{a}_{1-2}=0.29\text{MPa}^{-1}$，属中压缩性土，处于可塑状态，有湿陷性	1.90～9.20	18.50～31.40	409.42～415.84
④₃₋₁	Q₂ᵃˡ⁺ᵖˡ	粉质黏土：灰褐色，发育针状孔隙，具有白色钙质纹理，$\bar{I}_L=0.27$，多为可塑状态，$\bar{a}_{1-2}=0.24\text{MPa}^{-1}$，属中压缩性土。试验测得标贯击数 $N=14.2$ 击	0.60～8.80	28.70～55.00	390.51～414.65
④₃₋₂		粉质黏土：灰褐色，发育针状小孔隙，多包含白色钙质纹理，$\bar{I}_L=0.37$，处于可塑形态，$\bar{a}_{1-2}=0.24\text{MPa}^{-1}$，属中压缩性土，试验测得标贯击数 $N=13.9$ 击	未穿透，最大揭露层厚33.30m		
④₇		粗砂：灰黄色～灰褐色，长石～石英质，包含微量粉土及圆砾，级配不佳，饱和状态密实，测得标贯击数 $N>50$ 击	0.90～1.90	—	—

5.3　相似模型试验原理及设计实施

5.3.1　相似模型试验原理

自然界的事物及运动形态均可看作实体，模型法研究实体的各项特殊状态是有效方法。物理模型通过对实体特征进行抽象简化，抓住主要因素忽略次要因素，虽然模型无法模拟实体本身，但在满足相似要求的前提下，模型试验具有重要的借鉴意义，相似模型试验需符合相似三定理。

1. 相似第一定理

若两系统相似，单值条件相同时，相似判据值必相同，也可理解为两个系统相似时，它们的相似指标（两个系统相似常数间的关系式）等于 1，相似判据为常数。在相似模型试验中，要达到原型与模型相似，几何相似是重要的先决条件，但在应力分析时，在满足几何条件的前提下，还应满足受力条件相似、边界条件相似、初始状态相似等，否则模型的受力状态就无法模拟原型的受力状态。当已知描述现象的物理方程时，一般可以通过相似常数代入方程式的做法求得相似指标。本书将采用这种方法求解相似指标。

2. 相似第二定理（π 定理）

一个系统由 n 个物理量函数关系表征，且包含 m 个基本量纲时，则会有 $n-m$ 个相似判据，可理解为两个系统如果相似，则其相似判据方程的各项也就相同。该定理也称"π 定理"，可以看出相似系统的任何物理方程均可转换为无量纲量间的关系方程，其中无量纲相似判据方程包括相似判据、同种物理量之比和无量纲量本身，该定理是量纲分析的理论基础。

3. 相似第三定理

两个系统相似，则单值条件（几何条件、边界条件和荷载条件等）也一定相似，由单值条件各物理量组成的相似判据在数值上相等，且由单值条件推导出来的相似准数数值相等是两个系统彼此相似的充分和必要条件。

5.3.2　相似关系建立

1. 相似常数的定义

原型（p）和模型（m）之间相同的物理量之比称为相似常数（或称相似系数），用字母 C 表示。因此，相应的几何 L、应力 σ、应变 ε、位移 δ、弹性模量 E、重度 γ、泊松比 μ、黏聚力 c、内摩擦角 φ 和体积力 X 的相似常数定义式如下：在模型试验中，只有模型和原型保持相似，才能由模型试验的数据和结果推算出原结构的数据和结果。相似系统中，各相同物理量之比称为相似常数（原型物理量/模型物理量）。

1）几何相似常数

$$C_L = \frac{\delta_p}{\delta_m} = \frac{L_p}{L_m} \tag{5-1}$$

2）应力相似常数

$$C_\sigma = \frac{(\sigma^t)_p}{(\sigma^t)_m} = \frac{(\sigma^t)_p}{(\sigma^c)_m} = \frac{c_p}{c_m} = \frac{\sigma_p}{\sigma_m} \tag{5-2}$$

3）应变相似常数

$$C_\epsilon = \frac{\epsilon_p}{\epsilon_m} \tag{5-3}$$

4）弹性模量相似常数

$$C_E = \frac{E_p}{E_m} \tag{5-4}$$

5）重度相似常数

$$C_\gamma = \frac{\gamma_p}{\gamma_m} \tag{5-5}$$

6）泊松比相似常数

$$C_\mu = \frac{\mu_p}{\mu_m} \tag{5-6}$$

7）内摩擦角相似常数

$$C_\varphi = \frac{\varphi_p}{\phi_m} \tag{5-7}$$

8）体积力相似常数

$$C_X = \frac{X_p}{X_m} \tag{5-8}$$

9）边界条件相似

要求模型和原型在与外界接触的区域内各种条件保持相似，即要求支承条件相似、约束情况相似以及边界受力情况相似。模型的支承和约束条件可以由与原型结构构造相同的条件来满足与保证。

2. 相似条件关系

可根据原型和模型的三大方程（即平衡方程、几何方程、物理方程）来建立模型试验的相似条件。

1）由平衡方程出发建立的相似条件

原型平衡方程：

$$\left(\frac{\partial \sigma_x}{\partial x}\right)_p + \left(\frac{\partial \tau_{yx}}{\partial y}\right)_p + \left(\frac{\partial \tau_{zx}}{\partial z}\right)_p + X_p = 0$$

$$\left(\frac{\partial \sigma_y}{\partial y}\right)_p + \left(\frac{\partial \tau_{zy}}{\partial z}\right)_p + \left(\frac{\partial \tau_{xy}}{\partial z}\right)_p + Y_p = 0 \tag{5-9}$$

$$\left(\frac{\partial \sigma_z}{\partial z}\right)_p + \left(\frac{\partial \tau_{xz}}{\partial x}\right)_p + \left(\frac{\partial \tau_{yz}}{\partial y}\right)_p + Z_p = 0$$

式中，X、Y、Z 分别表示体积力。

模型平衡方程：

$$\left(\frac{\partial \sigma_x}{\partial x}\right)_m + \left(\frac{\partial \tau_{yx}}{\partial y}\right)_m + \left(\frac{\partial \tau_{zx}}{\partial z}\right)_m + X_m = 0$$

$$\left(\frac{\partial \sigma_y}{\partial y}\right)_m + \left(\frac{\partial \tau_{zy}}{\partial z}\right)_m + \left(\frac{\partial \tau_{xy}}{\partial x}\right)_m + Y_m = 0 \qquad (5\text{-}10)$$

$$\left(\frac{\partial \sigma_z}{\partial z}\right)_m + \left(\frac{\partial \tau_{xz}}{\partial x}\right)_m + \left(\frac{\partial \tau_{yz}}{\partial y}\right)_m + Z_m = 0$$

将应力、几何与体积力相似常数 C_σ、C_L、$C_X = C_\gamma$ 分别代入式（5-9），得到：

$$\left(\frac{\partial \sigma_x}{\partial x}\right)_m + \left(\frac{\partial \tau_{yx}}{\partial y}\right)_m + \left(\frac{\partial \tau_{zx}}{\partial z}\right)_m + \frac{C_\gamma C_L}{C_\sigma} X_m = 0$$

$$\left(\frac{\partial \sigma_y}{\partial y}\right)_m + \left(\frac{\partial \tau_{zy}}{\partial z}\right)_m + \left(\frac{\partial \tau_{xy}}{\partial x}\right)_m + \frac{C_\gamma C_L}{C_\sigma} Y_m = 0 \qquad (5\text{-}11)$$

$$\left(\frac{\partial \sigma_z}{\partial z}\right)_m + \left(\frac{\partial \tau_{xz}}{\partial x}\right)_m + \left(\frac{\partial \tau_{yz}}{\partial y}\right)_m + \frac{C_\gamma C_L}{C_\sigma} Z_m = 0$$

通过比较式（5-10）和式（5-11），可得到应力相似常数 C_σ、重度相似常数 C_γ 及几何相似常数 C_L 之间的相似关系为：

$$\frac{C_\gamma C_L}{C_\sigma} = 1 \qquad (5\text{-}12)$$

2）由几何方程出发建立的相似条件

原型几何方程：

$$(\varepsilon_x)_p = \left(\frac{\partial u}{\partial x}\right)_p, (\varepsilon_y)_p = \left(\frac{\partial v}{\partial y}\right)_p, (\varepsilon_z)_p = \left(\frac{\partial w}{\partial z}\right)_p$$

$$(\gamma_{xy})_p = \left(\frac{\partial u}{\partial y}\right)_p + \left(\frac{\partial v}{\partial x}\right)_p, (\gamma_{yz})_p = \left(\frac{\partial v}{\partial z}\right)_p + \left(\frac{\partial w}{\partial y}\right)_p, (\gamma_{xz})_p = \left(\frac{\partial u}{\partial z}\right)_p + \left(\frac{\partial w}{\partial x}\right)_p$$

$$(5\text{-}13)$$

模型几何方程：

$$(\varepsilon_x)_m = \left(\frac{\partial u}{\partial x}\right)_m, (\varepsilon_y)_m = \left(\frac{\partial v}{\partial y}\right)_m, (\varepsilon_z)_m = \left(\frac{\partial w}{\partial z}\right)_m$$

$$(\gamma_{xy})_m = \left(\frac{\partial u}{\partial y}\right)_m + \left(\frac{\partial v}{\partial x}\right)_m, (\gamma_{yz})_m = \left(\frac{\partial v}{\partial z}\right)_m + \left(\frac{\partial w}{\partial y}\right)_m, (\gamma_{xz})_m = \left(\frac{\partial u}{\partial z}\right)_m + \left(\frac{\partial w}{\partial x}\right)_m$$

$$(5\text{-}14)$$

将应变、位移与几何相似常数 C_ε、C_δ、C_L 分别代入式（5-13），得到：

$$(\varepsilon_x)_m \left(\frac{C_\varepsilon C_L}{C_\delta}\right) = \left(\frac{\partial u}{\partial x}\right)_m, (\varepsilon_y)_m \left(\frac{C_\varepsilon C_L}{C_\delta}\right) = \left(\frac{\partial v}{\partial y}\right)_m, (\varepsilon_z)_m \left(\frac{C_\varepsilon C_L}{C_\delta}\right) = \left(\frac{\partial w}{\partial z}\right)_m$$

$$(\gamma_{xy})_m \left(\frac{C_\varepsilon C_L}{C_\delta}\right) = \left(\frac{\partial u}{\partial y}\right)_m + \left(\frac{\partial v}{\partial x}\right)_m, (\gamma_{yz})_m \left(\frac{C_\varepsilon C_L}{C_\delta}\right) = \left(\frac{\partial v}{\partial z}\right)_m + \left(\frac{\partial w}{\partial y}\right)_m,$$

$$(\gamma_{zx})_m \left(\frac{C_\varepsilon C_L}{C_\delta} \right) = \left(\frac{\partial u}{\partial z} \right)_m + \left(\frac{\partial w}{\partial x} \right)_m \tag{5-15}$$

通过比较式（5-14）和式（5-15），可得到应变相似常数 C_ε、几何相似常数 C_L 及位移相似常数 C_δ 之间的相似关系为：

$$\frac{C_\varepsilon C_L}{C_\delta} = 1 \tag{5-16}$$

3）由物理方程出发建立的相似条件

原型物理方程：

$$(\varepsilon_x)_p = \frac{1}{E_p} \left[\sigma_x - \mu(\sigma_y + \sigma_z) \right]_p, (\gamma_{yz})_p = \left[\frac{2(1+\mu)}{E} \tau_{yz} \right]_p$$

$$(\varepsilon_y)_p = \frac{1}{E_p} \left[\sigma_y - \mu(\sigma_x + \sigma_z) \right]_p, (\gamma_{zx})_p = \left[\frac{2(1+\mu)}{E} \tau_{zx} \right]_p \tag{5-17}$$

$$(\varepsilon_z)_p = \frac{1}{E_p} \left[\sigma_z - \mu(\sigma_x + \sigma_y) \right]_p, (\gamma_{xy})_p = \left[\frac{2(1+\mu)}{E} \tau_{xy} \right]_p$$

模型物理方程：

$$(\varepsilon_x)_m = \frac{1}{E_m} \left[\sigma_x - \mu(\sigma_y + \sigma_z) \right]_m, (\gamma_{yz})_m = \left[\frac{2(1+\mu)}{E} \tau_{yz} \right]_m$$

$$(\varepsilon_y)_m = \frac{1}{E_m} \left[\sigma_y - \mu(\sigma_x + \sigma_z) \right]_m, (\gamma_{zx})_m = \left[\frac{2(1+\mu)}{E} \tau_{zx} \right]_m \tag{5-18}$$

$$(\varepsilon_z)_m = \frac{1}{E_m} \left[\sigma_z - \mu(\sigma_x + \sigma_y) \right]_m, (\gamma_{xy})_m = \left[\frac{2(1+\mu)}{E} \tau_{xy} \right]_m$$

将应变、应力、弹性模量、泊松比的相似常数 C_ε、C_σ、C_E、C_μ 分别代入式（5-17），得到：

$$(\varepsilon_x)_m = \frac{C_\sigma}{C_\varepsilon C_E} \frac{1}{E_m} \left[\sigma_x - C_\mu \mu(\sigma_y + \sigma_z) \right]_m, (\gamma_{yz})_m = \frac{C_\sigma}{C_\varepsilon C_E} \left[\frac{2(1+C_\mu \mu)}{E} \tau_{yz} \right]_m$$

$$(\varepsilon_y)_m = \frac{C_\sigma}{C_\varepsilon C_E} \frac{1}{E_m} \left[\sigma_y - C_\mu \mu(\sigma_x + \sigma_z) \right]_m, (\gamma_{zx})_m = \frac{C_\sigma}{C_\varepsilon C_E} \left[\frac{2(1+C_\mu \mu)}{E} \tau_{zx} \right]_m$$

$$(\varepsilon_z)_m = \frac{C_\sigma}{C_\varepsilon C_E} \frac{1}{E_m} \left[\sigma_z - C_\mu \mu(\sigma_x + \sigma_y) \right]_m, (\gamma_{xy})_m = \frac{C_\sigma}{C_\varepsilon C_E} \left[\frac{2(1+C_\mu \mu)}{E} \tau_{xy} \right]_m$$

$$\tag{5-19}$$

通过比较式（5-18）和式（5-19），可得到应力、应变和弹性模量相似常数 C_σ、C_ε、C_E 之间的相似关系为：

$$\frac{C_\sigma}{C_\varepsilon C_E} = 1 \tag{5-20}$$

同时得到泊松比无量纲物理量的相似常数 $C_\mu = 1$。

3. 相似判据及各物理量相似关系

由量纲分析法推导相似判据如下：首先确定试验中涉及的物理量包括长度 L、力

F、密度 γ、弹性模量 E、泊松比 μ、应变 ε、含水率 ω、应力 σ、位移 δ 共 9 个参数，根据基本量纲和试验中所需要的物理量，确定长度 $[L]$ 和力 $[F]$ 作为两个基本量纲，根据相似第二定律（π 定理）可知，物理量数减去基本量纲数为相似判据数，本书的相似判据有 7 个，根据量纲分析法，分离出应力和位移的函数表达式为：

$$\sigma = f_1(L, F, \gamma, E, \mu, \varepsilon, \omega) \tag{5-21}$$

$$\delta = f_2(L, F, \gamma, E, \mu, \varepsilon, \omega) \tag{5-22}$$

首先采用指数法，设与应力相关的 7 个物理量的幂次为 x_1、x_2、x_3、x_4、x_5、x_6、x_7，则上式可表达为：

$$[\sigma] = (L^{x_1}, F^{x_2}, \gamma^{x_3}, E^{x_4}, \mu^{x_5}, \varepsilon^{x_6}, \omega^{x_7}) \tag{5-23}$$

$$[\delta] = (L^{x_1}, F^{x_2}, \gamma^{x_3}, E^{x_4}, \mu^{x_5}, \varepsilon^{x_6}, \omega^{x_7}) \tag{5-24}$$

将上述物理量均以长度 L 和力 F 两个量纲表示，并代入上式中得到：

$$[FL^{-2}] = [L^{x_1}, (F)^{x_2}, (FL^{-3})^{x_3}, (FL^{-2})^{x_4}, (F^0L^0)^{x_5}, (F^0L^0)^{x_6}, (F^0L^0)^{x_7}] \tag{5-25}$$

上述等式两边恒等，则 F 与 L 的幂次也必须相等，这样就可以得到：

$$\left.\begin{array}{l} x_2 + x_3 + x_4 = 1 \\ x_1 - 3x_3 - 2x_4 = -2 \end{array}\right\} \tag{5-26}$$

代入上式可得两个判据方程为：

$$\frac{\sigma}{F} = g_1\left(\frac{L\gamma}{F}, \frac{E}{F}, \mu, \varepsilon, \omega\right) \tag{5-27}$$

$$\frac{\mu}{L} = g_2\left(\frac{L\gamma}{F}, \frac{E}{F}, \mu, \varepsilon, \omega\right) \tag{5-28}$$

则得到 7 个相似判据：

$$\pi_1 = \frac{\sigma}{F}, \pi_2 = \frac{L\gamma}{F}, \pi_3 = \frac{E}{F}, \pi_4 = \frac{\mu}{L}, \pi_5 = \mu, \pi_6 = \varepsilon, \pi_7 = \omega \tag{5-29}$$

最终即可建立以下相似条件：

（1）应力相似常数 C_σ、重度相似常数 C_γ 和几何相似常数 C_L 之间的相似关系为：

$$C_\sigma = C_\gamma C_L \tag{5-30}$$

（2）应变相似常数 C_ε、几何相似常数 C_L 和位移常数 C_δ 之间的相似关系为：

$$C_\delta = C_\varepsilon C_L \tag{5-31}$$

（3）应力相似常数 C_σ、应变相似常数 C_ε 和弹性模量相似常数 C_E 之间的相似关系为：

$$C_\sigma = C_E C_\varepsilon \tag{5-32}$$

（4）地质力学模型试验要求所有无量纲物理量（如应变、内摩擦角、泊松比）的相似常数等于 1，即：

$$C_\varepsilon = 1, C_\varphi = 1, C_\mu = 1 \tag{5-33}$$

本次试验几何模型相似比为 $1 : 30$（$C_L = 30$），最终制定相似模型试验的各物理量的相似关系表 5-3。

相似模型试验各物理量之间的相似比例关系 表 5-3

物理量名称	量纲	相似关系	相似比（原型/模型）
长度	L	C_L	30
力	F	$C_F = C_L^2 C_\gamma$	30^2
密度	FL^{-3}	C_γ	1
弹性模量	FL^{-2}	$C_E = C_F$	30
泊松比	1	C_μ	1
含水率	1	C_ω	1
应力	FL^{-2}	$C_\sigma = C_F$	30
应变	1	C_ε	1
位移	L	C_δ	30

5.3.3 试验模型箱设计

本次试验的目的是研究非饱和湿陷性黄土地铁隧道在不同地层湿陷工况下，地铁隧道结构的受力变形的演化规律，评价不同湿陷工况（湿陷深度、湿陷位置等）对隧道结构的影响，并初步提出一个合理的隧道基底剩余湿陷量控制标准，为地铁隧道基底合理处理深度的前期设计提供依据。结合试验目的，首先设计能够实现不同浸水工况的试验模型箱，根据前述定义的相似试验几何相似比为 $C_L = 30$，考虑模型试验中尽量减小边界效应的影响，隧道模型直径为 20cm，模型箱中隧道两侧土体预留量为 $3 \sim 4$ 倍的隧道直径，因此，取模型箱横向长度为 1.8m（20cm＋80cm＋80cm）。结合实际工程不同浸水条件可能引起的浸水工况，浸水工况主要考虑深埋隧道的基底浸水和浅埋隧道的地表浸水等工况。深埋隧道基底浸水最大高度为 30cm（相当于原型 9m），因此，隧道埋置深度定位 30cm，隧道直径为 20cm，结合工程设计资料中隧道埋深取 50cm（相当于原型 15m），因此，模型箱高度至少为 1.0m；浅埋隧道地表浸水深度最大取 30cm（相当于原型 9m），隧道地基为 60cm（相当于原型 18m），所需模型箱高度为 1.1m，但需要同时满足两种试验工况的要求，并考虑填土高度上方需要有一定的预留量，便于地表沉降等测试工作的开展，最终确定制定模型的纵向高度为 1.6m（30cm＋20cm＋60cm＋50cm）。地铁隧道是长条状结构物，常常看作平面应变问题来研究，本书中也考虑隧道纵向围岩湿陷的不均匀性，因此，确定模型的前后宽度为 0.6m。最终模型尺寸定为：横向长×纵向高×前后宽＝1.8m×1.6m×0.6m，模型箱设计图如图 5-2 所示。

为实现模型试验的不同浸水工况目的，模型箱的结构设计如下：一种多浸水工况模拟试验模型箱，包括通过型钢框架和侧板组成的无盖腔体，腔体的底部设置有具有浸水孔的底板，浸水底板与腔体底部间形成储水箱，储水箱内设置有中隔板，储水箱的侧壁上开设有若干浸水孔，腔体底部外侧设置有与腔体侧壁共同形成储水槽的挡板，腔体顶部设置有支架，支架上设置有能够调节长度的浸水管，腔体顶部设置有若干能够拆卸的反力梁和千斤顶。浸水孔底板与型钢框架采用焊接连接，中隔板也与浸水孔底板采用焊接连接，有机玻璃侧板与型钢框架采用螺栓连接，模型箱底部外侧挡板与型钢框架也采用螺栓连接，其中各处接缝与螺栓孔处通过玻璃胶密封，确保不漏水。所述浸水管为带孔的 PVC 塑料管，绑扎在支架上，浸水孔孔径为 1mm，孔距为 10cm，且浸水孔双排设置，两排浸水孔方向与铅垂方向角为 30°。所述浸水管上设置有开关，浸水管连接自来水水源，所述型钢框架采用 10cm×10cm 的正方形空心钢管，厚度为 2mm；所述侧板采用有机玻璃，有机玻璃的厚度为 2cm，挡板采用透明普通玻璃，厚度为 0.5cm；所述底板为厚 0.2cm 的钢板，底板上设置有均匀分布的浸水孔，浸水孔的直径为 1cm，浸水孔间距为 20cm；所述储水箱中隔板采用实体钢板，厚度为 2mm，中隔板将储水槽分隔为两部分，便于全幅浸水和局部浸水的实施。

　　试验模型箱分别设置了下部和上部浸水装置，能够实现试验中基底浸水和地表浸水的多工况模拟。另外，模型箱上方设置了可拆卸的加载反力梁，可根据试验要求选择是否加装，实现不同加载工况的模拟。储水箱中的中隔板具有分水和增加浸水底板承载力的作用。模型箱结构明确，功能完善，可重复利用性强，能够实现不同浸水工况要求的多组试验，具有良好的应用前景。进一步地，模型箱侧壁采用透明有机玻璃，外侧挡板采用普通透明玻璃，实现浸水效果的可视化要求。首先根据工况制作模型箱并准备材料，再在模型箱内布置模拟工况，再根据所需工况对土体进行浸水和加载，最后得到试验数据。本方法能够模拟多种不同工况，试验范围广，试验数据准确。最终制作完成的模型箱实物图如图 5-3 所示。模型箱制作完成后开展试验前首先检查模型箱各部分的密封效果，确保底部储水箱和中隔板处不漏水，如果存在漏水现象则需要用玻璃胶将漏水部分重新密封，达到良好的密封效果。

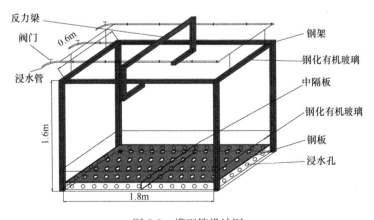

图 5-2　模型箱设计图

图 5-3　模型箱实物图

5.4　相似材料选择

5.4.1　湿陷性黄土相似材料配制

由于试验模型较大，采用原状黄土进行试验存在困难，试验的主要目的是研究浸水湿陷对隧道结构的影响，因此，采用的相似材料确保相似性与原状土一致即可，为模拟原状黄土的湿陷性，本书拟配制人工湿陷性黄土。根据相似模型试验的关系，密度 γ 的相似比为 1，因此，在保证人工配制湿陷性黄土的比重与原状黄土一致的前提下，实现一定浸水条件下人工制备湿陷性黄土与原状黄土湿陷量一致即可。在保证湿陷性相似的前提下尽量使得人工配制湿陷性黄土的结构性也与原状黄土一致。目前，用人工配制土来模拟原状土的研究也多有开展，因此，认为本方法具有一定的合理性。如西安理工大学的胡再强等制备了人工结构性黄土试样，所用的方法是在风干黄土颗粒中掺入 0.7% 的 $Ca(OH)_2$，制成与天然黄土密度和含水率相同的试样后通入 CO_2 气体，CO_2 与 $Ca(OH)_2$ 反应形成 $CaCO_3$ 胶结质，最终得到含有大孔隙结构的人工结构性黄土。进而开展了一系列室内试验（侧限压缩试验、常规三轴剪切试验、浸水变形试验等），结果表明人工配制的湿陷性黄土与原状黄土具有相似的工程性质。经过精心设计配比制得的人工结构性黄土可以具有与原状结构性黄土定性相似的变形规律和定量相近的变形指标，从而为研究土的结构性及其对变形特性的影响提供消除原状土的变异性。人工配制湿陷性黄土的成功为相似模型试验提供了相似材料的思路。张延杰等通过选用无黏性材料石英粉、砂和粘结性材料膨润土、石膏、工业盐，采用空中自由下落法，制备出强湿陷性人工黄土，并且进行物理力学性质试验。测试结果表明，人工制备强湿陷性黄土在密度、土粒相对密度、孔隙比、液塑限、最大干密度、最优含水率等物理性质和抗剪强度指标、压缩指标等力学性质方面都与黄河中游地区天然黄土有很好的相似性。Assallay 研究了黄土沉积物中亚稳粒子填料的稳定性，探讨了开放型孔隙结构的形成与坍塌机理，开展了人工制备材料模拟黄土湿陷性研究。Basma 等采用空中自由下落方法，加入高岭土和石英粉等土料混合均匀并控制含水率，得到了具有不同湿陷性的人工黄土，进而对黄土湿陷性进行评价。上述研究成果表明，人工制备湿陷性黄土可以达到某些性质与原状黄土相似，本研究主要确保两者的浸水湿陷性相似即可。采用人工制备湿陷性黄土来代替原状黄土开展试验是具有可行性的。

　　本研究基于现有的研究成果，改进人工湿陷性黄土配制的方法，期望达到简便大量配制人工湿陷性黄土替代原状黄土来进行相似模型试验的目的。由于模型试验的模型箱较大，试验用土量较大，采用方便廉价的材料进行配制更具有经济性，因此，本研究拟以重塑黄土为基础材料，在重塑黄土中添加遇水反应并溶解的物质，达到湿陷性的相似模拟。现有文献试验了用 $Ca(OH)_2$、膨润土、工业盐、石英粉等来制备湿陷黄土的湿陷性，取得了一定的效果。考虑到 CaO 遇水生成 $Ca(OH)_2$，而 $Ca(OH)_2$ 具有微溶于水的特性，可通过设置 CaO 的百分含量来调节人工配制湿陷性黄土的湿陷程度。另外，CaO 颗粒还可以模拟原状黄土的结构性，CaO 遇水生成 $Ca(OH)_2$ 并溶解的过程，可近似看作原状黄土结构性破坏的过程。另外，实际试验中仅加入 CaO 湿陷效果不佳，因此，配土时还加入工业盐，加强人工配制黄土的湿陷程度。最终本研究以重塑黄土为基础原料，通过掺加 CaO 颗粒、工业盐和石膏粉等来配制人工湿陷性黄土，通过调节 CaO 和工业盐的百分含量来调整配制黄土的湿陷等级和结构性强度。由于开展模型试验时材料用量较大，选择材料时应考虑经济性因素，本研究中重塑黄土、CaO 颗粒成本较低，工业盐和石膏粉成本稍高，但用量较少，成本在可控范围之内。重塑黄土：由现场取到的原状黄土充分扰动制得，原状黄土的物理力学参数如表 5-4 所示。人工制备试验制作过程为：将原状黄土碾碎烘干并过 2mm 的筛备用；选用优质 CaO 颗粒，直径破碎为 1mm 左右，处于干燥状态并具有一定的强度，对于压实土样浸水前可以模拟原状黄土的结构性，浸水后 CaO 颗粒发生反应生成 $Ca(OH)_2$ 粉末，结构强度消失，另外 $Ca(OH)_2$ 部分溶于水，可模拟原状黄土的湿陷性，再者考虑到工业盐也溶于水，可加强人工制备湿陷性黄土的湿陷程度；石膏粉主要用于模拟原状黄土颗粒间的胶结作用，含水率较低时，胶结强度较高，压实土样具有较高的强度，浸水后胶结强度急剧减小，人工制备土样开始湿陷，试验材料配制见图 5-4。

原状黄土基本参数　　　　　　　　　　　　表 5-4

相对密度 G_s	密度（g/cm³）	含水率（%）	c（kPa）	压缩模量（MPa）	塑限	液限	塑限指数
2.72	1.52	14.1	30.66	12.6	16.2	27.3	11.1

　　现有文献资料表明，石膏粉选用 5% 和 8% 时模拟效果相对良好，故本书石膏粉配比也分别选用 5% 和 8%，不再单独研究石膏粉对湿陷结果的影响，主要研究 CaO 颗粒和工业盐配比对湿陷性的影响。CaO 颗粒的百分含量控制着人工制备土样的结构性和湿陷性，选取 CaO 颗粒百分比 1% 进行试验。试验结果表明，进一步增加 CaO 含量时，湿陷程度增加不是很明显，初始阶段还可能发生一定程度的膨胀现象，

图 5-4　试验材料配制

对湿陷性的模拟效果不佳。考虑到工业盐溶于水的特性可加强湿陷程度，分别选择百分比为 2％、4％、6％、8％开展对比试验，试样制备完成后开展剪切、固结压缩、湿陷性试验等，与原状土样试验结果进行对比，各材料的具体配比如表 5-5 所示。

人工制备试样材料配比　　　　　　　　　　　　　　　　　表 5-5

试样编号	重塑黄土（％）	工业盐（％）	石膏粉（％）	CaO 粉（％）
试样 1	92	2	5	1
试样 2	90	4	5	1
试样 3	85	6	8	1
试样 4	83	8	8	1

为了增加与原状黄土各项参数的对比，人工制备土样的密度与含水率均取与原状黄土一致，人工制备试样可通过压样法制得，具体步骤如下：首先试验用样的体积（如湿陷试验的大环刀、剪切试验的小环刀等）可以计算得到重塑黄土、CaO 颗粒、工业盐和石膏粉的总质量，进而根据试样配比表分别计算每个试样所需的各成分的质量，进一步还可以结合含水率计算得到用水量。得到各成分的质量后可通过压样筒（图 5-5）直接压实制得所需的环刀样（图 5-6），这样得到的人工土样与原状土相似。依照上述方法分别制备所需的试验用样，需要注意的是制样过程中含水率配制时只配制重塑土，配好后闷料 48h 使水分充分均匀，然后将 CaO 颗粒、工业盐和石膏粉与重塑土拌合，不能将 CaO 颗粒预先配水，否则会发生反应无法模拟其结构性和湿陷性。试样制备原理同第 3 章介绍的方法一致，但剪切试验采用小环刀样，而湿陷系数测试采用大环刀样。根据小环刀和大环刀的直径参数，可分别计算得到小环刀体积为 $V = \pi r^2 h = 59.99 \text{cm}^3$，大环刀的体积为 $V = \pi r^2 h = 100.03 \text{cm}^3$，预制备土样的密度为 1.52g/cm³，干密度为 1.494g/cm³，含水率为 14.1％。因此，根据试样配比得到各组试样所需材料质量，小环刀和大环刀各成分质量分别如表 5-6 和表 5-7 所示，试验拌合充分后直接通过压样法制得，然后装入对应的环刀即可，节约了大量的试验时间。

图 5-5　压样筒

图 5-6　大环刀样

小环刀试样配比　　　　　　　　　　　　表 5-6

试样编号	颗粒总质量（g）	重塑干土（g）	工业盐（g）	CaO（g）	石膏粉（g）	水质量（g）
试样 1	79.91	73.52	1.6	0.8	4	11.28
试样 2	79.91	71.92	3.2	0.8	4	11.28
试样 3	79.91	67.92	4.8	0.8	6.4	11.28
试样 4	79.91	66.33	6.4	0.8	6.4	11.28

大环刀试样的各成分质量　　　　　　　　表 5-7

试样编号	颗粒总质量（g）	重塑干土（g）	工业盐（g）	CaO（g）	石膏粉（g）	水质量（g）
试样 1	133.44	122.76	2.67	1.33	6.67	18.82
试样 2	133.44	120.01	5.34	1.33	6.67	18.82
试样 3	133.44	113.42	8.01	1.33	10.68	18.82
试样 4	133.44	110.76	10.68	1.33	10.68	18.82

5.4.2　人工制备湿陷性黄土的物理力学性质测定

人工制备湿陷性黄土是为了为模型试验奠定基础，在尽量保证两者其他力学参数相似的前提下，只要精确保证人工制备湿陷性黄土的浸水湿陷特性和力学参数与原状黄土相似即可，因此，主要关注人工制备试样的湿陷性和力学参数与原状黄土的差别。故而在测定人工制备试样基本参数的基础上拟开展人工制备试样与原状土试验的剪切试验、固结试验和湿陷系数试验，测定人工制备试验的强度参数和湿陷性参数，并与原状试验结果进行对比。剪切试验采用南京土壤仪器公司生产的 ZJ 型四联应变控制式直剪仪（图 5-7a），四个试件的垂直压力分别选取 50、100、200 、300kPa；固结试验与湿陷试验同时开展，试验仪器采用 WG 型单杠杆固结仪（图 5-7b），固结试验的固结压力分别选择 50、100、200 、300 、400kPa，逐级加载，要求前一级荷载变形稳定后（1h 内变形量小于 0.01mm）方可加载下一级荷载。湿陷性试验采用单线法开展，五个试样的饱和自重应力也设定为 50、100、200 、300 、400kPa，根据要求每个试样也分级加载（每级 50kPa），在每级加载变形达到稳定后进行下一级加载，直至最后一级变形稳定后方可浸水，最终得到各组不同自重压力下的湿陷性系数。上述所有试验过程均严格按照《公路土工试验规程》JTG 3430 中的要求执行。

(a) 剪切仪   (b) 固结仪

图 5-7　测试仪器

根据规范要求，首先测定各组人工制备土样的各项基本参数，采用液塑限联合测定法，测定液限含水率和塑限含水率，根据 100g 圆锥的不同入土深度确定界限含水率，当入土深度为 5mm 时所对应的为塑限含水率，入土深度为 20mm 时所对应的为液限含水率；采用标准击实试验得到制备试样的最佳含水率和最大干密度，最终得到各组试样的基本参数，见表 5-8。可以看出，人工制备试样液限介于 25.3% ～ 26.6%，塑限介于 15.8% ～ 16.4%，根据黄土力学与工程介绍，西部地区黄土的液限多介于 25.4% ～ 32.10%，塑限为 15.4% ～ 20.5%，本书采用原状黄土塑限为 16.2%，液限为 27.3%，可认为人工制备试样与原状黄土指标满足相似要求。

人工试样的基本参数　　　　　　　　　　　　　　　表 5-8

试样编号	液限（%）	塑限（%）	塑性指数	最优含水率（%）	最大干密度（g/cm³）
试样 1	26.6	15.8	10.8	16.1	1.75
试样 2	26.3	16.2	10.1	15.8	1.67
试样 3	25.8	16.3	9.5	16.2	1.73
试样 4	25.3	16.4	8.9	15.4	1.63

1. 剪切试验结果

为对比其抗剪强度特性，分别开展原状黄土试样和人工制备试样的直接剪切试验，选用直径为 61.8mm 的小环刀样，剪切速度为 0.8mm/min，垂直压力分别取 50、100、200、300kPa，得到各组试样的抗剪强度与垂直压力之间的关系（图 5-8），进行曲线拟合得到不同人工制备试样的 c、φ 值，如表 5-9 所示。CaO 颗粒含量相同

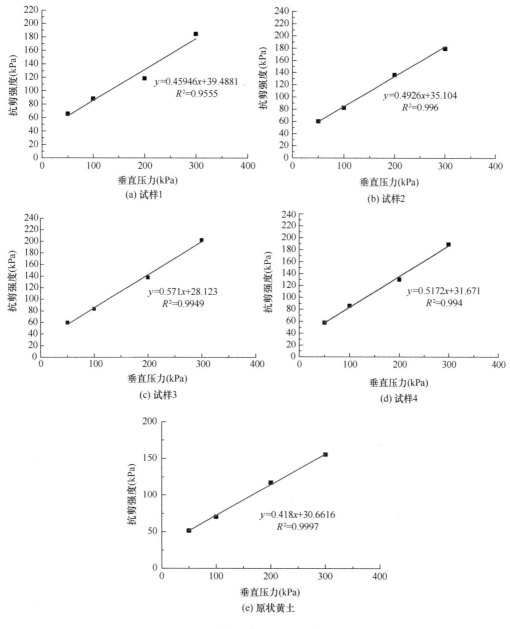

图 5-8　剪切试验结果

时，随着工业盐含量的增加，黏聚力逐渐减小，内摩擦角逐渐增加，原状黄土的黏聚力与试样 3 较为接近，但内摩擦角相对较小，可考虑改变石膏粉含量来改变内摩擦角。

抗剪强度参数　　　　　　　　　　　　　　　　　　　表 5-9

样本	试样 1	试样 2	试样 3	试样 4	原状黄土
黏聚力 c（kPa）	39.48	35.1	31.67	28.12	30.66
内摩擦角 φ（°）	24.6	26.2	27.4	29.7	22.7

2. 固结试验结果

对各组人工制备试样开展标准固结试验，固结荷载等级分别为 50、100、200、300kPa，绘制 e-p 曲线，如图 5-9 所示，并根据规范公式计算其压缩系数和压缩模量，结果见表 5-10。可看出 CaO 颗粒含量一定时，随工业盐含量的增加，试样的压缩系数减小，压缩模量增加。另外，由固结试验数据结果计算制备的人工湿陷性黄土的压缩系数 a_{1-2} 基本介于 $0.36\sim0.41\text{MPa}^{-1}$，可以判定制备的湿陷性人工黄土样属于中压缩性土，经测定天然原状黄土样的压缩系数 a_{1-2} 为 0.34MPa^{-1}，也属于中压缩性土，两者基本相似。综合来看原状黄土的压缩系数和压缩模量接近试样 3 的结果。

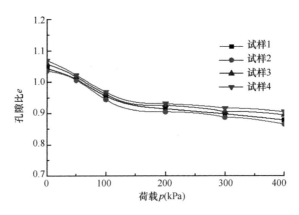

图 5-9　固结试验结果

固结试验参数　　　　　　　　　　　　　　　　　表 5-10

样本	试样 1	试样 2	试样 3	试样 4	原状黄土
压缩系数（MPa^{-1}）	0.41	0.39	0.36	0.31	0.34
压缩模量（MPa）	4.76	4.98	5.45	5.88	5.77

5.4.3　湿陷系数分析

湿陷性能否与原状黄土相似是人工制备试样成功与否的最关键指标，为评价其湿陷性采用单线法开展试验，为测定不同压力下的湿陷系数，荷载等级 P 分别选择为 50、100、200、300、400kPa，得到不同荷载等级下各组试样的湿陷系数，如表 5-11 和图 5-10 所示。

湿陷系数试验结果　　　　　　　　　　　　　　　　表 5-11

样本	$P=50\text{kPa}$	$P=100\text{kPa}$	$P=200\text{kPa}$	$P=300\text{kPa}$	$P=400\text{kPa}$
试样 1	0.028	0.036	0.029	0.021	0.018
试样 2	0.031	0.045	0.038	0.030	0.026
试样 3	0.034	0.064	0.059	0.048	0.045
试样 4	0.037	0.069	0.064	0.054	0.049
原状黄土	0.035	0.058	0.054	0.044	0.041

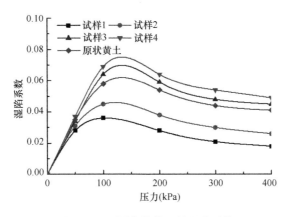

图 5-10　不同荷载等级的湿陷系数

分析图 5-10 并结合湿陷性定义可知，试样 1 和试样 2 属于轻微湿陷性土，试样 3、试样 4 和原状黄土均属于中等湿陷土。同一配比条件下，湿陷系数随着外荷载增加呈先增加后减小的趋势，这是因为土体存在结构强度。当外荷载小于土体的结构强度时，土体固结不充分，受浸水增湿作用湿陷系数会随外荷载的增加而增大；如果外荷载大于土体结构强度，土体会有预固结作用，内部孔隙会发生压缩，此时浸水后湿陷系数会出现减小现象。因此，湿陷性黄土由于结构强度的存在，其湿陷系数受荷载和增湿耦合作用明显。同一荷载等级下，人工制备试样的湿陷系数随工业盐含量的增加而增大，但小荷载等级时增大效果不明显。试样 3 配比时湿陷系数与原状黄土较为接近，以试样 3 为例分析不同荷载等级下固结和湿陷过程试样变化和累计湿陷量。

图 5-11 所示为试样 3 不同荷载等级下高度的变化，可看出荷载等级较小（小于结构强度）时，土体由于结构强度的存在预固结变形较小，浸水后湿陷变形量也较小，但随着荷载等级增加湿陷量有所增加；当荷载进一步增加（大于结构强度）时，土体在外荷载作用下发生预固结，土样浸水增湿后湿陷变形将减小，外荷载等级越大湿陷变形量越小。整个湿陷过程，试样高度变化曲线可大致分为 3 个阶段：压密变形阶段、湿陷变形阶段和固结变形阶段。压密变形阶段由上部载荷压密而导致高度变化，此时试样可发挥其结构强度作用；湿陷变形阶段土体结构强度破坏，发生湿陷变

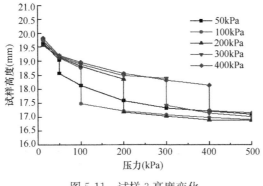

图 5-11　试样 3 高度变化

形；固结变形阶段土体结构进行重组，随荷载等级增加进一步发生固结变形。图 5-12所示为试样 3 在不同荷载等级下的累计湿陷变形量，荷载等级越小时，试样初始变形速率较慢，且最终累计湿陷变形量越小，随荷载等级的增加，初始变形速率和累计湿陷变形量随之增加，当外荷载为 100kPa 时，最终累计湿陷变形量最大，荷载进一步增加时试样由于预固结变形作用，最终累计湿陷变形反而减小，说明当外荷载等级接近试样的结构强度时，其湿陷性变形最明显，因此，实际中评价黄土湿陷性时，应充分考虑土体的上部荷载和预固结作用。

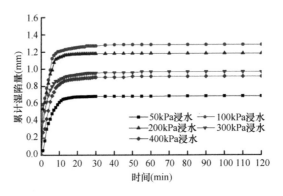

图 5-12　试样 3 累计湿陷变形量

5.4.4　结构性分析

为了研究人工制备湿陷性黄土的结构性与原状黄土的相似程度，在前述基础物理力学参数测点的基础上，选择与原状黄土最接近的试样 3 作为模拟原状黄土材料，开展三轴剪切试验，然后同步进行重塑黄土及饱和原状黄土的三轴剪切试验，结合谢定义等提出的结构性指标，对比两者的结构性分析。

三轴剪切试验采用长安大学 GDS 空心扭剪试验系统（图 5-13），该系统除可以实

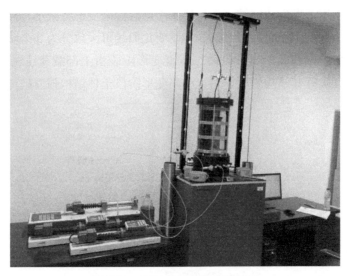

图 5-13　GDS 空心扭剪试验系统

现静三轴常规剪切试验外，还能实现动三轴试验、真三轴试验以及应力旋转的空心扭剪试验，本次试验主要使用常规静三轴剪切试验功能（图 5-13）。试验用土主要有重塑黄土、原状黄土（试验 3 配比的人工制备黄土）以及饱和原状黄土，原状黄土和重塑黄土的含水率均取与原状黄土一致，为 14.1%，试验制样通过配套的制样筒分层压样得到，施加的固结围压 σ_3 分别取为 50、100、200、300kPa，施加围压过程采用排气不排水，试验剪切过程为不排水，剪切速率设定为 0.016mm/min，直至试样剪切破坏为止（图 5-14）。

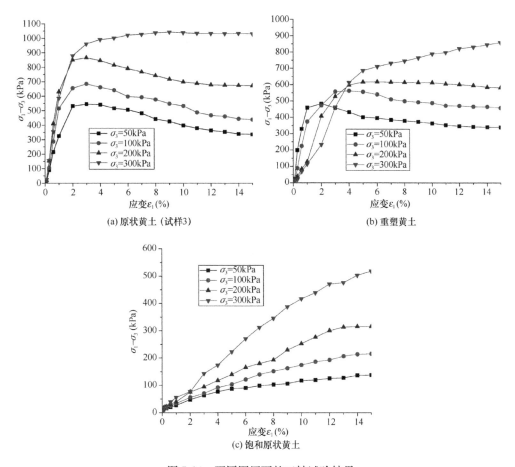

图 5-14　不同围压下的三轴试验结果

谢定义首先提出了综合结构势的概念，通过加荷、扰动、浸水等措施使土的结构优势充分释放出来，并结合压缩试验发展了一个结构性参数：

$$m_{\varepsilon} = \frac{m_1}{m_2} = \frac{S_r \cdot S_s}{S_o^2} \tag{5-34}$$

其中，m_{ε} 为应变型结构性参数，m_1 为结构可变性，m_2 为结构可稳定性，S_s、S_o、S_r 分别为饱和土、原状土和扰动土在应力 p 时对应的压缩应变值。可以看出，应变型结构性参数随着压缩应变变化而变化。

邵生俊等通过三轴剪切试验进一步改进并验证了应力型结构性参数，表达式为：

$$m_\sigma = \frac{(\sigma_1 - \sigma_3)_o^2}{(\sigma_1 - \sigma_3)_r (\sigma_1 - \sigma_3)_s} \tag{5-35}$$

其中，m_σ 为应力型结构性参数，$(\sigma_1 - \sigma_3)_o$、$(\sigma_1 - \sigma_3)_r$、$(\sigma_1 - \sigma_3)_s$ 分别为原状土、扰动土和饱和土在剪应变为 ε 时的剪应力值。应力型结构性参数随着剪切变形的变化而变化。

邵生俊等通过三轴试验，在综合结构势框架范围内进一步提出了应力比结构性参数，应力比结构性参数不仅能够反映球应力对结构性的作用，而且能够反映剪应力对结构性的作用，其表达式为：

$$m_\eta = \frac{m_1}{m_2} = \frac{(q/p)_o / (q/p)_r}{(q/p)_s / (q/p)_o} = \frac{(q/p)_o^2}{(q/p)_r (q/p)_s} = \frac{\eta_o^2}{\eta_r \eta_s} \tag{5-36}$$

其中，m_η 为应变比结构性参数，m_1 为结构可变性，m_2 为结构可稳定性，$(q/p)_o$、$(q/p)_r$、$(q/p)_s$ 分别为原状土、重塑土和饱和土在剪切过程中的应力比，q 为广义剪应力，p 为球应力，η 为应力比。

以三轴剪切试验成果为基础，结合定义的应力型结构性参数研究剪切过程中人工制备湿陷黄土的结构性变化。图 5-15 和图 5-16 分别给出了试样 3 和原状黄土随着三轴剪切过程的应力型结构性参数的演化规律，可以看出不同围压下，结构性随着黄土的剪切破坏（剪切应变值增加）先增加后逐渐趋于稳定，说明在剪切过程中黄土的结构势逐渐释放出来，剪切破坏后，其结构性逐渐趋于消失，结构性参数也逐渐趋于 0。但不同围压条件下，结构性参数变化表现出差异性，围压为 200kPa 时结构性最明显，这可能是由于小围压时土体受外部围压束缚作用不明显，结构强度表现也不显著。随着围压增加，外部作用对土体的束缚作用逐渐增加，这相当于增加了土体的剪切强度，导致土体的结构强度也随之提高。但是当围压进一步增加时，结构性反而发生减小现象，可能是由于外部围压超过了土体的结构强度，对土体产生扰动作用，相当于变形破坏了土体的结构性强度，导致了其结构性参数反而减小。从总体结构性效果来看，人工配制湿陷性黄土的结构性演化规律与原状黄土一致。

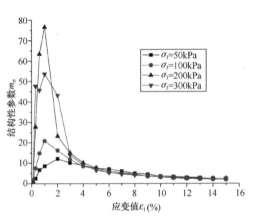

图 5-15　试样 3 结构性参数变化规律

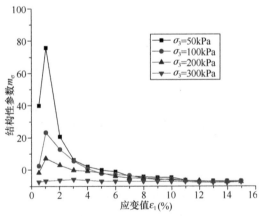

图 5-16　原状黄土结构性参数变化规律

通过以上试验结果可以总结出以下几点结论：①采用重塑黄土、CaO 颗粒、工业盐和石膏粉配制了人工湿陷性黄土，CaO 颗粒遇水生成 $Ca(OH)_2$ 可模拟原状黄土结构性破坏过程和浸水湿陷性，石膏粉作为粘结材料可模拟原状黄土的胶结质，工业盐溶于水可加强湿陷性，通过调节 CaO 和工业盐含量可调节人工制备黄土的结构性和湿陷性。②剪切试验和固结试验表明随着工业盐含量的增加，人工制备湿陷性黄土的黏聚力 c 逐渐减小，内摩擦角 φ 逐渐增加，试样的压缩系数减小，压缩模量增加，说明工业盐增加，试样的结构强度有所增加。③材料配比和荷载等级均对人工制备黄土的湿陷性有影响，同一配比条件下，湿陷系数随着外荷载增加呈先增加后减小的趋势，同一荷载等级下，人工制备试样的湿陷系数随 CaO 颗粒含量的增加而增大，但小荷载等级时增大效果不明显。综上所述，说明人工配制湿陷性黄土与原状黄土具有较好的相似性，并且试验 3 配比试样的结构性参数演化规律与原状黄土一致，因此，模型试验的相似材料以试样 3 的配比进行人工配制。

5.5　隧道衬砌模型及传感器

5.5.1　隧道衬砌模型

根据弹性模量相似比得出，弹性模量的原型与模型之比应为 30，盾构管片常常采用 C50 混凝土预制而成，C50 混凝土弹性模量为 35GPa，因此，盾构隧道衬砌混凝土管片的弹性模量也为 35GPa，所选的衬砌模型材料的弹性模量应为 1.17GPa，而有机玻璃的弹性模量多为 1~4GPa 之间，因为通过生产厂家制定弹性模量为 1.17GPa 的有机玻璃管，作为隧道的衬砌模型。隧道模型管的直径为 200mm，壁厚 10mm，内径 180mm，本次试验只是研究地层浸水对隧道结构的影响，把隧道看作是平面应变问题，因此，由管片拼装造成的纵向刚度折减暂不考虑。隧道模型（图 5-17）与原型的相似参数如表 5-12 所示。

隧道模型相似参数　　　　　　　　　　　　　　　　　　　　表 5-12

名称	原型	模型
衬砌内径	5.7m	180mm
衬砌外径	6.3m	200mm
管片厚度	30cm	10mm
弹性模量	35GPa	1.17GPa
泊松比	0.3	0.3

如果研究隧道的纵向不均匀浸水对隧道结构受力及变形的影响，则需要考虑隧道拼接缝对刚度的影响。志波由纪夫等提出了管片纵向接头影响效应对衬砌整体刚度影响的等效连续化模型，认为隧道在横向简化为一均匀圆环，在纵向采用刚度等效方法简化纵向接头与管片结构等均匀连续梁，并提出以有效率 η 来表征纵向刚度的折减。另外一些学者分别采用理论方法或模型试验方法研究了有效率的大小，但目前给出的

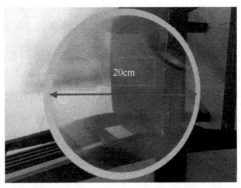

图 5-17　隧道模型

建议值不统一。如黄宏伟通过上海地铁盾构隧道分析给出建议值 $\eta = 0.067$，并通过数值分析进行了验证；曾东洋则通过测试分析，认为 $\eta = 0.01$ 较为合理；李围通过数值模拟方法，认为有效率近似等于 0.05 时与实际情况较为相似；叶飞通过物理模型试验，给出通缝和错缝布置形式下的有效率建议值区间分别为 0.18～0.19 和 0.2～0.4。

同理，考虑拼接缝影响下，隧道衬砌管片的弹性模量参数也应当折减，但是目前关于折减系数应该如何取值问题也未达成一致。学者们也开展了大量研究，目前给出的弹性模量折减系数取为 0.8，若考虑弹性模量折减，则在隧道衬砌模型材料选择上可能存在困难。由于缩尺后隧道模型厚度在毫米级，无法用原材料制作，因此，盾构隧道模型常采用有机玻璃来模拟，但由于其弹性模量参数与原型管片无法满足相似比要求，因此，需按照变形等效原则即抗弯刚度保持一致原则来换算。Taylor 研究表明，横向受弯构件界面上，离心模型与原型刚度关系为：

$$E_m I_m = n^{-3} E_p I_p \tag{5-37}$$

式中，n 为离心加速度与重力加速度的比值，即模型相似比；E_m、I_m 分别表示离心模型隧道管片的弹性模量与横截面惯性矩；E_p、I_p 分别表示原型隧道管片的弹性模量与横截面惯性矩。横截面惯性矩可由下式求得：$I = t^3/12$，式中 t 为隧道管片厚度。

若原型材料和代用材料模拟的抗弯刚度分别表示为：

$$E_p I_p = E_p \frac{d_p^3}{12} \tag{5-38}$$

$$E_m I_m = E_m \frac{d_m^3}{12} \tag{5-39}$$

则将式（5-38）与式（5-39）代入式（5-37），即可求得如下确定代用材料模拟厚度 d_m 为：

$$d_m = \sqrt[3]{\frac{E_p}{E_m}} n^{-1} d_p \tag{5-40}$$

首先确定模型的模拟材料，再确定其弹性模量值，然后通过调整模型的厚度即可达到模型弹性模量与原型一致的目的。由于本书中只以平面应变问题来考虑，因此，此部分不作深入研究。

5.5.2　测试项目及仪器

根据试验目的需要评价不同浸水工况下隧道结构受力及变形的影响，本次试验拟测试的项目包括围岩压力变化，衬砌弯矩和轴力变化，隧道位移，以及基底浸水工况的地表沉降变化。其中，土压力测点均匀分布于隧道衬砌周边（共八个测点 P1-P8），土压力通过微型土压力盒量测，弯矩和轴力测点同土压力，通过隧道内外表面的应变片测得，通过衬砌内外表面的应变读数换算即可得到测点处弯矩值和轴力值，换算公式为：

$$M = E(\varepsilon_i - \varepsilon_e)bh^2/12 \tag{5-41}$$

$$N = E(\varepsilon_i + \varepsilon_e)bh/2 \tag{5-42}$$

式中，b 为单位长度，h 为衬砌厚度，E 为衬砌弹性模量，ε_i 为衬砌内表面应变值，ε_e 为衬砌外表面应变值。隧道位移通过照相数据提取获得，地表沉降采用精密千分表测量。所需传感器如图 5-18 所示。

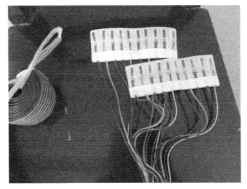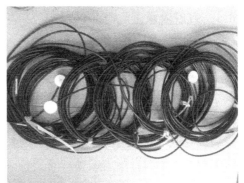

图 5-18　测试仪器

5.6　试验工况制定

隧道初始开挖常常是在无水干燥的非饱和黄土中进行，隧道开挖过程以及建成运营初始阶段地层各项指标变化不大，可认为隧道处于健康安全状态，完全看不出地基处理的必要性，另外隧道建设过程中的开挖过程对基底来讲是一个卸荷的过程，因此，有的学者认为黄土隧道基底也无须处理。上述情况是在隧道基底各项状态指标（含水率等）不变的条件下才成立的，而随着地铁隧道运营年限的增加，无法保证隧道所处地层指标保持不变，存在多种因素可能引起隧道周边地层的变异恶化。例如，随着隧道工程的建设，可能会造成地下水渗流路径改变，地下水位上升；附近河道及地下暗河中的水也可能向隧道部位集中；隧道由于开挖形成了汇水区，裂隙水可能向隧道处汇集；浅埋隧道埋深较浅也可能受到地表强降水或生活用水排放的影响。因此，地铁隧道建成后，隧道基底和隧道周边及上部的黄土含水率等各项指标均可能发生改变。通过前面几章可知，非饱和黄土含水率增加后，微观结构发生改变，承载力大大降低，即使在隧道开挖卸荷的情况下，其基底的承载力减小也可能远远大于卸荷的大小，基底部分可能发生不均匀湿陷，上部围岩自承能力降低，加大对隧道基底的荷载，进而增大沉降变形，最终造成隧道结构受力不均匀或不均匀沉降等病害。事实证明，现有运营中的黄土地铁隧道存在衬砌开裂漏水、衬砌错台、轨道不平顺等现象，这极有可能是隧道周边地层的各项指标改变造成的。因此，非饱和黄土地区地铁隧道基底及周边围岩浸水对隧道结构受力和变形的影响究竟如何，目前还未有一个清晰的结论，开展不同工况的黄土地层浸水对隧道结构的影响研究具有重要意义。本次试验的目的就是从宏观角度研究非饱和黄土含水率改变后对隧道结构的影响，根据地层浸水的几种可能性，主要考虑基底浸水（地下水位上升和地下暗河）和地表浸水（河道或地表强降水）两种工况，两种情况又分别考虑局部不均匀浸水，及全局均匀浸水。对于基底浸水主要考虑隧道深埋的情况，而地表浸水主要考虑隧道浅埋的情况。

5.6.1 基底浸水工况

根据设计资料，西安地铁临潼线最大湿陷性黄土层将近30m，地铁线埋深最浅处只有7m，最深处超过25m，而基底浸水情况多出现于地铁隧道埋深较深的情况，地表浸水对浅埋隧道的影响较大。隧道埋深较深时，受施工扰动影响，隧道开挖临空面形成汇水区，隧道基底处地下水位可能发生变化，附近河道水也可能向隧道临空面汇集，造成隧道基底湿陷性黄土浸水，含水率改变引起强度等各项指标降低，最终导致隧道结构在上覆围岩压力的情况下整体受力改变。另外，由于地下水渗流路径的影响，地下水位可能上升不均匀，出现基底地基局部浸水的情况。因此，本节主要考虑深埋盾构隧道条件下，地下水位上升引起的湿陷性黄土强度改变对地铁隧道结构的影响。地下水上升主要考虑全幅均匀上升和局部不均匀上升两种情况，隧道埋深设定为50cm（相当于原型15m），隧道基底湿陷土层取30cm（相当于原型9m），水位上升高度分别考虑为10、20、30cm（相当于原型3、6、9m），通过测试隧道衬砌结构的弯矩变化、土压力变化及地表沉降来表征不同湿陷工况对隧道结构的影响。具体基底浸水工况设计图见图5-19，基底浸水工况参数见表5-13。

基底浸水试验工况 表5-13

		隧道埋深(m)（模型）	浸水深度（m）	测试项目
GK1	局部不均匀浸水	15（50cm）	3（10cm）	土压力 弯矩 地表沉降 隧道位移
GK2	局部不均匀浸水	15（50cm）	6（20cm）	
GK3	局部不均匀浸水	15（50cm）	9（30cm）	
GK4	全幅均匀浸水	15（50cm）	3（10cm）	
GK5	全幅均匀浸水	15（50cm）	6（20cm）	
GK6	全幅均匀浸水	15（50cm）	9（30cm）	

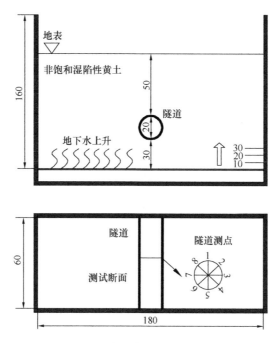

图 5-19　基底浸水工况设计图（cm）

5.6.2　地表浸水工况

临潼线区间最浅埋处仅有 7m 多，当隧道埋深较浅时，由于隧道开挖临空面的汇水作用导致地表降雨及地铁周围河道渗水会往隧道处积聚，当隧道结构周边围岩为湿陷性黄土时，汇水作用可能导致黄土围岩的强度急剧降低，围岩的自承能力降低，成拱效应减弱，此时作用于隧道衬砌结构的荷载可能大大增加，一方面可能对隧道结构造成不利的受力影响，另一方面可能增加隧道基底的附加荷载，引起更大的沉降变形，造成隧道结构破损等病害。地表浸水也受到多种因素的影响，如降雨强度、周边河道位置等均会造成隧道地表不同的浸水情况。因此，本节主要考虑局部不均匀浸水和全幅均匀浸水对隧道结构受力的影响，隧道整体埋深设定为 30cm（相当于原型9m），隧道底板以下湿陷性土层厚度设定为 60cm（相当于原型18m），浸水深度分别考虑为 10、20、30cm（相当于原型 3、6、9m），通过衬砌结构土压力及弯矩来表征影响强度的大小。地表浸水工况设计见图 5-20，具体参数列于表 5-14 中。

<table>
<tr><td colspan="5">地表浸水试验工况　　　　　　　　　　　　　　　　表 5-14</td></tr>
<tr><td></td><td></td><td>隧道埋深(m)(模型)</td><td>浸水深度（m）</td><td>测试项目</td></tr>
<tr><td>GK1</td><td>局部不均匀浸水</td><td>9（30cm）</td><td>3（10cm）</td><td rowspan="6">土压力
弯矩
隧道位移</td></tr>
<tr><td>GK2</td><td>局部不均匀浸水</td><td>9（30cm）</td><td>6（20cm）</td></tr>
<tr><td>GK3</td><td>局部不均匀浸水</td><td>9（30cm）</td><td>9（30cm）</td></tr>
<tr><td>GK4</td><td>全幅均匀浸水</td><td>9（30cm）</td><td>3（10cm）</td></tr>
<tr><td>GK5</td><td>全幅均匀浸水</td><td>9（30cm）</td><td>6（20cm）</td></tr>
<tr><td>GK6</td><td>全幅均匀浸水</td><td>9（30cm）</td><td>9（30cm）</td></tr>
</table>

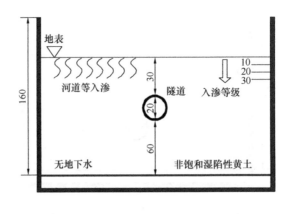

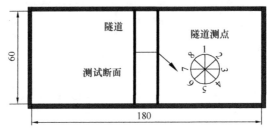

图 5-20　地表浸水工况设计图（cm）

5.6.3　传感器布设

本次试验的目的是研究不同浸水条件下，非饱和湿陷性黄土浸水增湿灾变对地铁隧道衬砌结构的受力及变形影响。主要测试内容有隧道衬砌周边横截面弯矩，隧道周边横截面土压力。断面及测点布置如图 5-19 和图 5-20 所示，沿着隧道周边共布置 8 个测点。通过应变片分别监测各个测点的衬砌内外应变值，应变片布置见图 5-21，应变值通过 DH 静态应变仪定时自动采集，应变片采用四分之一桥连接。采集过程设定为每隔一段时间自动采集，得到试验数据后再通过内外应变值并根据材料的本构关系计算衬砌各个测点的弯矩值和轴力值。

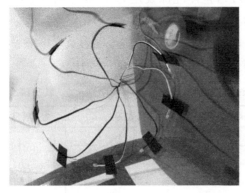

图 5-21　应变片布置

隧道衬砌周边横截面土压力通过微型土压力盒量测，土压力测点点位同应变片点位，也沿着隧道周边布置 8 个。土压力盒预先放置到设计点位，在填埋隧道模型过程中及时调整土压力盒与隧道衬砌模型壁密贴，如果埋设过程中无法保证土压力盒与隧道密贴，可预先用胶带固定土压力盒，但固定时胶带不宜过紧。土压力值也通过静态应变仪自动采集，土压力盒连接采用桥式传感器方式，灵敏系数按照厂家给定参数设置。土压力盒具体布置见图 5-22。

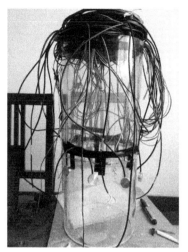

图 5-22　土压力盒布置

地表沉降通过高精密百分表测试，地表沉降测点沿着应变和土压力测试断面的上方横向布置，测点间隔确定为隧道正上方密布，越远离隧道越稀，共布置 7 个测点，地表沉降布置如图 5-23 所示，百分表初始时刻调零，不同浸水阶段分别读取相对应的地表沉降值即可；另外，还监测了不同浸水工况的隧道位移情况，隧道位移通过在模型壁上画网格线，并通过照相机采集不同浸水工况下的隧道位移情况，然后通过 GetData 软件提取隧道位置点，最终描绘出不同浸水条件下的隧道位移情况，隧道位移监测如图 5-24 所示。隧道上方地表沉降测试和不同浸水工况的隧道位移测试数据均为人工采集，试验过程中需要时刻注意浸水情况，及时读取所需要的数据。

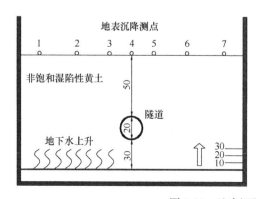

图 5-23　地表沉降测点布置（cm）

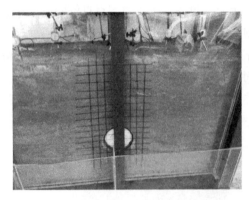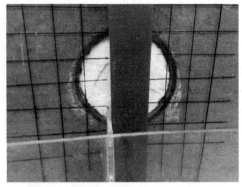

图 5-24　隧道位移标定

5.6.4　试验过程及注意事项

试验过程中遇到了一些问题，下面以地表浸水工况为例说明试验过程及注意事项。首先准备试验模拟材料，模拟材料用量可根据模型填方量计算，湿陷性土体配比选用试样三，含水率按照原状土含水率配制，模拟材料配制之前需将重塑黄土晒干过筛，筛孔选用 2mm×2mm。然后计算预定含水率的用水量并进行配水拌合。最后将石膏粉、工业盐和 CaO 颗粒等充分混合形成所需的试验模拟材料，模拟材料装袋备用。

在模型箱底部铺设一层透水土工布，既保证填土时模型土不会通过模型箱浸水底板上的孔漏过，又保证基底浸水时水能通过浸水孔向上迁移。然后将模型土分层填筑，每填筑 20cm 深时，用击实锤击实，保证填筑的模型土与原状黄土工程性质相似。隧道底板以下土体填筑完毕后，将粘贴好传感器的隧道模型预先埋设到预定的位置后继续填土。填土时细心整理土压力盒的位置，保证土压力盒受力面与隧道衬砌外表面密贴。另外，还应注意传感器引线在填土过程中不被破坏，应变片和土压力盒引线要按照设计测点相对应地进行标号，便于后期与应变仪连接时区分各测点读数。填土到预定高度值，进行最后一层土体的压实，然后在土层最上方敷设一层土工布，降低水分蒸发对试验的影响。最后安装模型地表浸水装置，并连接水源备用。将模型传感器引线引出，连接到应变仪，应变仪通过 USB 连线连接到计算机，通过计算机软件实现数据的自动化采集（图 5-25）。

试验中需要注意几点问题：①模型用土必须过筛，否则在分层压实过程中会出现不密实现象，难以保证地层工程性质的连续性。②每层土体填筑厚度不宜太大，否则压实效果不佳，经过实践探索发现 20cm 填筑厚度压实效果基本满足要求。③经过数据预采集发现，初始各项数据变化不稳定，应将模型静置几天后再进行正式数据采集。④应变片按照 1/4 桥形式连接，参数严格按照说明书要求设置；土压力盒采用全桥电路形式连接，各参数值按照厂家出厂前标定的数据设置。⑤实际测试过程中，由于挖土填土等影响，每一组工况测试完毕都可能导致某一点的应变片破坏，应准备备用片，随时替换损坏的应变片，确保每一组试验开始前任意测点的应变片工作正常。⑥土压力盒安装过程中要确保与隧道外壁密贴，为确保测试效果可预先采用胶带固定，但固定不宜过紧，避免对测试结果产生影响。

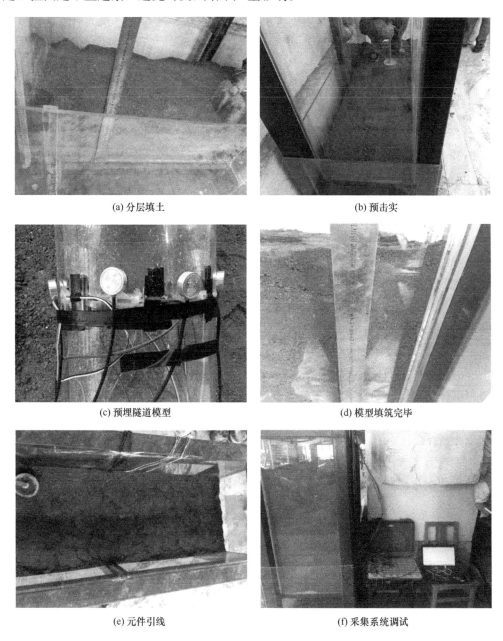

(a) 分层填土　　　　　　　　　　　　　　(b) 预击实

(c) 预埋隧道模型　　　　　　　　　　　　(d) 模型填筑完毕

(e) 元件引线　　　　　　　　　　　　　　(f) 采集系统调试

图 5-25　试验过程示意图

5.7　试验结果及分析

本次试验不同工况均监测了设计测点处衬砌内外应变值（可得到测点处对应的应

变差和应变和)、土压力值以及隧道位移,对于隧道基底浸水工况(全幅浸水和局部浸水)还监测了地表沉降变化。不同浸水工况对地铁隧道结构的影响也是依据上述监测值变化来评价,其中由衬砌内外应变值可计算得到弯矩和轴力,下面将不同工况的试验结果汇总,并分别通过应变值、弯矩值、轴力值、土压力值、地表沉降和隧道位移等对不同工况试验结果进行系统分析。

5.7.1 地表局部不均匀浸水分析

1. 应变值分析

图 5-26 所示为地表局部不均匀浸水条件下隧道衬砌周边不同测点的内外应变差变化曲线。图 5-27 所示为地表局部不均匀浸水条件下隧道衬砌周边不同测点的内外应变和变化曲线。由图 5-26 可以看出,隧道不同测点内外应变差值随着采集次数(浸水深度)的增加呈逐渐增大趋势,其中测点 4 和测点 8 应变差值增加尤为明显,最大值在浸水深度 30cm 时分别达到 648με 和 1113με。另外,测点 8 由浸水深度较小时的负值逐渐转变为浸水深度较大时的正值,说明地层浸水作用对测点 8 的附加应力作用更加明显。其余测点也呈增加趋势,但整体增加值相对测点 4 和测点 8 而言变化不大,如测点 7 在浸水深度 30cm 时,应变差值达到 -359με,不同测点的应变差值变化不均匀。由图 5-27 可以看出,随着测试次数(浸水深度)增加,隧道衬砌内外应变和值均呈增大趋势,并且在地层浸水深度较小时,各个测点斜率值较小,随着浸水深度的增加,各个测点的增加曲线斜率增大,说明随着浸水深度的增加,地层附加荷载对隧道各测点的应变变化影响逐渐明显。另外,还可以看出,地层浸水对隧道衬砌各点的影响程度有所不同,测点 8 影响最明显,隧道衬砌内外衬砌应变之和达到 2245με,测点 2 和测点 4 次之,分别达到 1718με 和 1394με,其余测点值相对测点 8 而言变形较小,不同测点的应变和值变化也有所差异。依据图 5-26 和图 5-27 的测试结果,结合前文提及的弯矩和轴力换算公式可以得到隧道衬砌不同测点的弯矩和轴力变化值,依据弯矩和轴力变化结果可更直观地反映隧道整体受力变化情况。

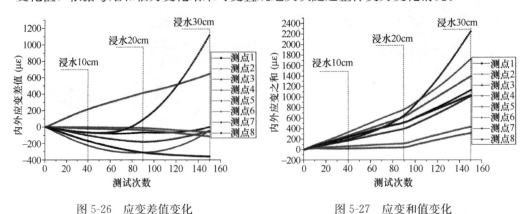

图 5-26 应变差值变化　　　　　　　　　图 5-27 应变和值变化

2. 弯矩值与轴力分析

图 5-28 所示为地表局部不均匀浸水条件下隧道衬砌周边不同测点的弯矩值变化

曲线。图 5-29 所示为地表局部不均匀浸水条件下隧道衬砌周边不同测点的轴力变化曲线。分析图 5-28 可知，衬砌各测点弯矩值整体变化规律与衬砌内外应变差值变化规律一致，随着浸水深度的增加弯矩变化值绝对值均呈增大趋势，测点 8 变化尤为明显，当浸水深度为 30cm 时，其弯矩值达到 10.85kN·m，测点 4 次之，达到 6.32kN·m，其余测点弯矩变化值相对较小，说明地表局部不均匀浸水对测点 8 和测点 4 弯矩值影响较明显，对其余测点影响不是很明显，浸水引起的弯矩变化不均匀现象可能导致衬砌结构整体弯矩重分布。分析图 5-29 可知，隧道衬砌各测点的轴力值变化规律与应变之和变化规律一致，各测点值均随浸水深度的增加而增大。浸水深度较小时，轴力曲线斜率较小，随着浸水深度的增加，轴力曲线的斜率也随之增大，说明浸水初始阶段（地层浸水深度较小）时，对隧道各测点轴力影响不明显。随着浸水深度的增加，地层浸水对隧道衬砌受力的影响趋于明显，其中测点 8 影响效应最明显，轴力值达到 13.13kN，测点 2 和测点 4 次之。无论轴力还是弯矩，地表不均匀浸水会引起浸水一侧的衬砌受力增大，即地表左侧浸水时隧道左侧拱肩（测点 8）弯矩和轴力值均明显增大，而其他测点弯矩和轴力值增加不明显。地表不均匀浸水引起的不同测点受力值改变不均匀会导致隧道整体受力重分布，最终造成衬砌结构破坏等病害，因此，实际情况应尽量控制地层浸水深度，减小其对隧道衬砌结构影响。

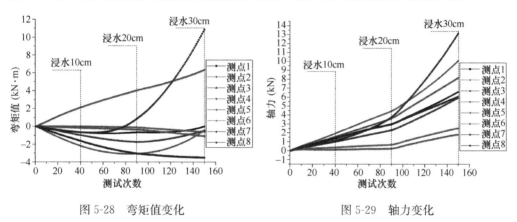

图 5-28　弯矩值变化　　　　　　　　　图 5-29　轴力变化

3. 土压力分析

图 5-30 所示为地表局部不均匀浸水条件下隧道衬砌周边不同测点的土压力变化曲线。分析可知，随着浸水深度增加，隧道衬砌各测点土压力变化值逐渐增大，但各测点的增幅有所不同，地层浸水可能导致隧道结构受力重分布。浸水初期，各点的土压力变化值相对较小，且土压力值增幅比较缓慢。随着浸水深度的增加，各测点土压力值变化也趋于明显，土压力值也逐渐增大。当浸水达到 30cm 时，测点 5 的土压力值达到 46kPa，测点 6 次之，土压力值为 30kPa，其余各点的土压力值变化相对较小。说明当地表浸水深度达到一定值时会引起隧道基底地基的应力增加，即使在基底不浸水的情况下，也有可能引起附加荷载作用导致地基不均匀沉降，进而引起隧道沉降等一系列的病害问题。如果加上隧道基底地基浸水引起其强度降低，就会加剧这一

113

问题。因此，地表浸水不只会引起隧道应力重分布问题，更可能会引起隧道基底地基的附加荷载增大问题，因此，应尽力避免浅埋隧道上方地表浸水现象，另外还应注重隧道基底地基的强度应满足一定要求。

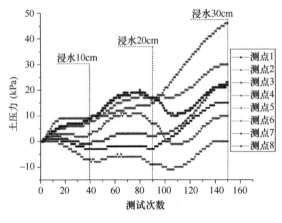

图 5-30　土压力变化

4. 隧道位移分析

采用照相机对不同地层浸水深度进行实时照相，得到不同地层浸水深度下的隧道位移情况照片，然后通过 GetData 软件提取隧道特征点，进行整理即可得到不同地层工况下的隧道位移情况。图 5-31 给出了局部不同地表浸水深度下的隧道整体位移情况。分析可知，当浸水深度为 10cm 时，隧道水平位移和竖向位移均较小，浸水深度进一步增加达到 20cm 时，水平位移达到 2.2mm，竖向位移达到 4.6mm。结合土压力结果分析可得，随着地表浸水深度的增加使得隧道底板与地基处的附加应力逐渐增加，在原有地基承载力的基础上导致隧道整体有所偏移和下沉。当浸水深度增加到 30cm 时，水平位移达到 3.8mm，竖向位移明显增加，最大值为 6.6mm。说明地表局部不均匀浸水，会引起隧道的水平位移和竖向位移，但竖向位移量偏大于水平位移量。实际中应适当控制地表浸水深度，以避免隧道整体产生较大的竖向位移和水平位移引起的偏心矩问题。

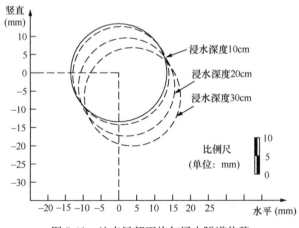

图 5-31　地表局部不均匀浸水隧道位移

5.7.2 地表全幅均匀浸水分析

1. 应变值分析

图 5-32 所示为地表全幅均匀浸水条件下隧道衬砌周边不同测点的内外应变差变化曲线。图 5-33 所示为地表全幅均匀浸水条件下隧道衬砌周边不同测点的内外应变和变化曲线。由图 5-32 可以看出，隧道不同测点内外应变差值随着测试次数（浸水时间）的增加呈线性均匀增大趋势，其中测点 4、测点 5 和测点 6 衬砌内外应变差值为负值，其余测点均为正值，测点 2 增加值较为明显，最大值在浸水 30cm 时分别达到 5709με，测点 6 在浸水深度达到 30cm 时，内外应变差值达到−3250με，从整体上来看，地表全幅均匀浸水对隧道的影响较为均匀。由图 5-33 可以看出，随着测试次数（浸水时间）增加，隧道衬砌内外应变和值均呈增大趋势，其中测点 8 和测点 2 增加值较为明显，当浸水深度达到 30cm，其应变值分别达到 7733με 和 6853με，说明隧道拱顶处受影响最为明显，并且与地表局部不均匀浸水所得结果相比，其衬砌内外应变差值与应变和值均要明显大于地表局部不均匀浸水的测试结果，并且地表全幅均匀浸水对隧道的影响相对均匀，而地表局部不均匀浸水对隧道影响呈现差异性。依据图 5-32 和图 5-33 的测试结果，结合前文提及的弯矩和轴力换算公式可以得到地表全幅均匀浸水条件下隧道衬砌不同测点的弯矩和轴力变化值，以更直观地反映隧道结构整体受力情况。

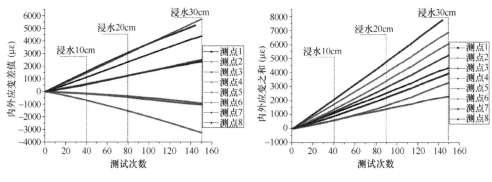

图 5-32 应变差值变化   图 5-33 应变和值变化

2. 弯矩值与轴力分析

图 5-34 所示为地表全幅均匀浸水条件下隧道衬砌周边不同测点的弯矩值变化曲线。图 5-35 所示为地表全幅均匀浸水条件下隧道衬砌周边不同测点的轴力变化曲线。分析图 5-34 可知，衬砌各测点弯矩值整体变化规律与衬砌内外应变差值变化规律一致，随着浸水深度的增加弯矩变化值绝对值均呈均匀增大趋势。其中，测点 4、测点 5 和测点 6 衬砌弯矩变化值为负值，其余测点均为正值，测点 2 增加值较为明显，最大值在浸水 30cm 时达到 54kN·m，测点 6 在浸水深度达到 30cm 时，内外应变差值达到−30kN·m，地表全幅浸水使得隧道衬砌周边弯矩值分布发生变化，不同测点弯矩正负变化不同，造成隧道整体应力重分布更加明显，对隧道结构整体受力更加不利。分析图 5-35 可知，隧道衬砌各测点的轴力值变化规律与应变之和变化规律一致。

其中，测点 8 和测点 2 增加值较为明显，当浸水深度达到 30cm 时，其应变值分别达到 45kN 和 41kN，说明隧道拱顶处受影响最为明显，并且与地表局部不均匀浸水所得结果相比，其衬砌弯矩值和轴力值均要明显大于地表局部不均匀浸水的测试结果，并且地表全幅均匀浸水对隧道的影响相对均匀，而地表局部不均匀浸水对隧道影响呈现差异性。另外，由图 5-34 和图 5-35 可以看出，地表全幅均匀浸水对隧道拱顶部分受力影响较显著，且地层浸水深度越大，对隧道衬砌结构受力的影响越明显，隧道结构整体受力重分布也越明显，隧道衬砌发生破坏的概率也越大，实际情况中应尽量控制地层浸水深度，减小其对隧道衬砌结构的影响。

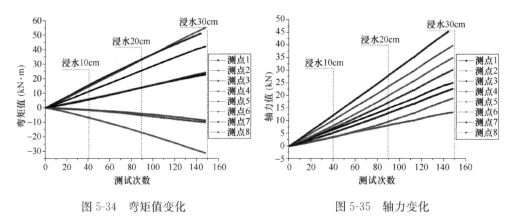

图 5-34　弯矩值变化　　　　　　　　　　图 5-35　轴力变化

3. 土压力分析

图 5-36 所示为地表全幅均匀浸水条件下隧道衬砌周边不同测点的土压力变化曲线。分析可知，随着浸水深度增加，隧道衬砌各测点土压力变化值逐渐增大，但各测点的增幅有所不同，地层浸水可能导致隧道结构受力重分布。浸水初期各点的土压力变化值相对较小，且土压力值增幅比较缓慢，随着浸水深度的增加，各测点土压力值变化也趋于明显，土压力值也逐渐增大。当浸水达到 30cm 时，测点 1 的土压力值达到 62kPa，测点 2 次之，土压力值为 59kPa，说明隧道周边围岩由于浸水作用，强度

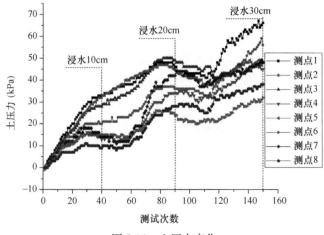

图 5-36　土压力变化

大幅减低，围岩自承能力减弱，成拱效应消失，围岩松散荷载作用于隧道结构效应更明显；测点 5 土压力值也达到 51kPa，说明当地表浸水深度达到一定值时会引起隧道基底的应力增加，即使在基底不浸水的情况下，也有可能因引起的附加荷载作用导致地基不均匀沉降，进而引起隧道沉降病害问题，如果考虑隧道基底浸水引起强度降低，则会加剧这一问题。因此，与地表局部不均匀浸水情况一致，地表浸水不只会引起隧道应力重分布问题，更可能引起隧道基底的附加荷载增大问题，故实际中无论是局部不均还是全幅均匀浸水均应尽力避免浅埋隧道上方浸水。另外，还应注重隧道基底的强度也应满足一定要求。

4. 隧道位移分析

采用相同的方法得到地表全幅均匀浸水情况下的隧道位移。图 5-37 给出了不同地表浸水深度下的隧道整体位移情况。由分析可以看出，当浸水深度为 10cm 时，隧道无论水平位移还是竖向位移均较小，浸水深度进一步增加达到 20cm 时，隧道水平位移仍然较小，而竖向位移有所增加，达到 4.6mm。结合土压力结果分析可得，随着地表浸水深度的增加，使得隧道底板与地基处的附加应力逐渐增加，在原有地基承载力的基础上导致隧道整体有所下沉，因此，隧道整体竖向位移较为明显。当浸水深度进一步增加到 30cm 时，水平位移仍然较小，竖向位移明显增加，最大值达到 9.4mm，说明随着隧道地层浸水深度的增加，对隧道竖向位移的影响也明显增加。整体来看，地表全幅均匀浸水对隧道水平位移影响不大，而对隧道竖向位移影响明显，且当地层浸水深度较小时，无论对水平位移还是竖向位移影响均不显著。因此，实际中只要适当控制地表浸水深度不超过一定值，就可以避免隧道整体产生较大的竖向位移导致隧道衬砌开裂问题。

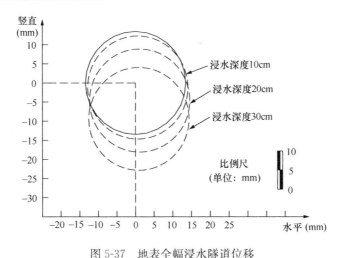

图 5-37　地表全幅浸水隧道位移

5.7.3　基底局部不均匀浸水分析

1. 应变值分析

图 5-38 所示为基底局部不均匀浸水条件下隧道衬砌周边不同测点的内外应变差

变化曲线。图 5-39 所示为基底局部不均匀浸水条件下隧道衬砌周边不同测点的内外应变和变化曲线。分析图 5-38 可知，衬砌周边不同测点处内外应变差值随浸水深度的增加变化较大，其中测点 7 和测点 2 变化最为明显，且在浸水深度小于 20cm 时，测点 7 应变差值明显大于测点 2。随着浸水深度的进一步增加，测点 2 的应变差值逐渐超过测点 7，测点 5 次之，当浸水深度达到 30cm 时，三个测点的最大应变值分别达到 913、1066、660με，说明随着基底不均匀浸水深度的增加，隧道拱顶和右侧公交处应变变化较大。仰拱处受影响程度次之，其中测点 6 应变差值为负值且随浸水深度增加逐渐增大，说明隧道左拱脚处受左侧地基浸水湿陷影响明显，其余测点受扰动相对较小。分析图 5-39 可看出，随着基底浸水深度的增加，衬砌周边各测点的应变之和均呈增加趋势，其中测点 1 和测点 7 变化最明显，当浸水深度达到 30cm 时，两测点的应变和值分别为 1873 和 1867με，测点 5 次之，浸水 30cm 时应变和值达到 1149με，说明拱顶、左侧边墙和仰拱处应变和受基底浸水扰动明显，其余测点随浸水增大增加受影响相对稳定。

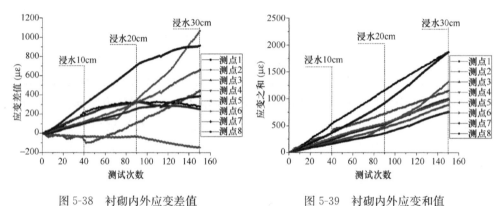

图 5-38　衬砌内外应变差值　　　　　　图 5-39　衬砌内外应变和值

2. 弯矩值与轴力分析

图 5-40 所示为基底局部不均匀浸水条件下隧道衬砌周边不同测点的弯矩变化曲线。图 5-41 所示为基底局部不均匀浸水条件下隧道衬砌周边不同测点的轴力变化曲线。由图 5-40 可知，隧道衬砌周边不同测点弯矩变化规律同应变差值变化，测点 2 和测点 7 弯矩变化明显，当浸水深度为 10cm 时，两者弯矩值分别为 2.90 和 1.05kN·m，当浸水深度达到 30cm 时，两者的弯矩值分别为 10.39 和 8.90kN·m，说明随浸水深度的增加隧道右侧拱肩和左侧边墙处弯矩变化最明显。测点 5 弯矩变化次之，浸水 30cm 时其最大弯矩达到 6.43kN·m，说明仰拱处受浸水扰动也比较敏感。其中，测点 6 弯矩值随着浸水深度增加逐渐减小，这可能是因为隧道左侧地基浸水导致强度降低，隧道与地基相互作用减弱，造成该点的弯矩变化呈减小趋势。但同时可以看出，其弯矩减小值与其他测点增加值相比不是很大，因此，基底局部不均匀浸水对隧道整体弯矩变化还是不利的。由图 5-41 可知，衬砌各测点轴力变化与内外应变和值变化规律一致，所有测点轴力均呈增加趋势，而测点 1 和测点 7 轴力变化最敏感，当浸水深度达到 30cm 时，两者的轴力值分别为 10.95 和 10.92kN，说明随地基不均匀浸水

深度增加，拱顶和左边墙处轴力变化最明显。

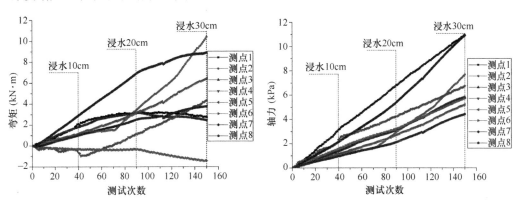

图 5-40　衬砌弯矩变化　　　　　　　　　图 5-41　衬砌轴力变化

3. 土压力分析

图 5-42 所示为基底局部不均匀浸水条件下隧道衬砌周边不同测点的土压力变化曲线。分析图 5-42 可看出，隧道基底局部不均匀浸水对隧道周边土压力影响较大，其中大部分测点处土压力值均随浸水深度增加呈减小趋势，尤其是测点 5 减小程度尤为明显，但测点 5 在浸水深度较小时减小比较明显，浸水深度进一步增加时，减小值反而不明显，但测点 2 和测点 8 减小在浸水深度较小时减小程度不明显，随浸水深度增加两者减小程度逐渐明显。这可能是因为地基浸水初期，其强度降低，地基与隧道相互作用削弱，仰拱处最为明显，但随着浸水深度的进一步增加，隧道周边围岩拱效应减弱，荷载松散作用逐渐向上传递，表现出测点 2 和测点 8 的土压力变化较大，说明隧道地基的不均匀浸水导致了隧道各测点处土压力值变化值差异较大，但整体呈减小趋势。另外，测点 3 处土压力值在浸水深度较小时变化不明显，但随着隧道浸水深度的增加，其土压力值呈逐渐增加趋势，说明左侧基底浸水反而导致右边墙处土压力值受力不利，隧道基底不均匀浸水对隧道土压力发展具有不规律的影响。

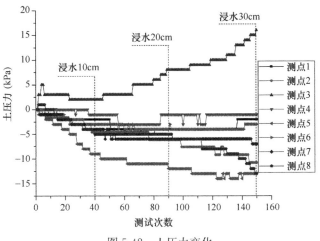

图 5-42　土压力变化

4. 隧道位移分析

图 5-43 所示为基底局部不均匀浸水条件下隧道整体位移变化情况。由图 5-43 可看出，隧道基底不均匀浸水导致隧道发生下沉和向左位移，当基底浸水 10cm 时，隧道水平位移和竖向位移分别为 2.5mm 和 4.4mm，随着浸水深度的进一步增加，隧道整体位移也趋于明显，当浸水达到 30cm 时，隧道向左的水平位移达到 8.6mm，竖向位移达到 19.2mm，说明随着隧道地基不均匀浸水深度的逐渐增加，隧道基底强度及承载力逐渐削弱，并呈现出湿陷特性，隧道地基与隧道发生协同沉降现象。由于基底不均匀浸水导致的强度变化不均匀，引起了隧道整体竖向向左偏移，此时可能导致隧道整体受力发生扭转现象，对隧道纵向接头的受力也极为不利。结合土压力结果分析，隧道仰拱处受力减小，而右边墙处受力增加，说明隧道整体受向左的推力作用，也加剧了隧道水平位移和竖向位移。从整体结果看，隧道竖向位移明显大于水平位移，因此，对地基浸水深度值控制应以竖向位移变化量为参照，理论上减小地基湿陷深度可有效减小隧道基底强度不均引起的整体位移偏移。

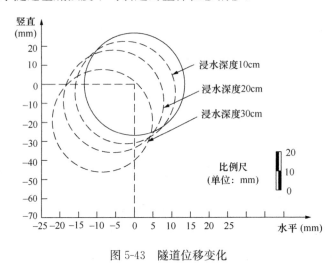

图 5-43　隧道位移变化

5. 地表沉降分析

图 5-44 所示为基底局部不均匀浸水条件下隧道上方地表沉降变化情况。由图 5-44 可以看出，隧道地基局部不均匀浸水会导致地表的不均匀沉降，且由于隧道的存在导致隧道正上方的地表沉降尤为明显；由于隧道基底左侧浸水，因此，地表左侧沉降值也较大，右侧沉降值较小；基底浸水深度为 10cm 时，地表沉降值普遍较小，随着浸水深度的增加，地表沉降值逐渐增加，浸水深度达到 30cm 时，隧道上方地表沉降值达

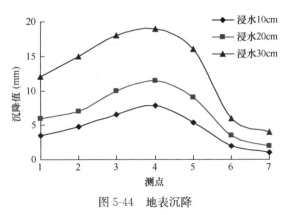

图 5-44　地表沉降

到 19.0mm。虽然右侧地基未浸水，但受左侧地基浸水湿陷的影响，右侧地表也会发生一定的沉降，整体不均匀沉降明显。隧道湿陷性基底应考虑全幅处治，避免以后浸水工况引起的整体不均匀沉降。

5.7.4　基底全幅均匀浸水分析

1. 应变值分析

图 5-45 所示为基底全幅均匀浸水条件下隧道衬砌周边不同测点的内外应变差变化曲线。图 5-46 所示为基底全幅均匀浸水条件下隧道衬砌周边不同测点的内外应变和变化曲线。分析图 5-45 可知，随隧道基底浸水深度的增加，衬砌内外应变差值绝对值随之增加，但不同测点的正负值有所差异，其中测点 2 和测点 5 为负值，其余测点均为正值，并且测点 1 的应变差值增加随浸水深度增加最明显，当浸水深度为 10cm 时，其应变差值为 100 $\mu\varepsilon$，浸水深度为 30cm 时，其应变差值达到 560 $\mu\varepsilon$，其次为测点 4 和测点 6，两者在浸水 30cm 时最大应变差值分别达到 383 和 237 $\mu\varepsilon$。另外，由于隧道地基浸水是全幅均匀浸水，因此，各测点增加值也相对均匀，不会像基底局部不均匀浸水内外应变差值无规律增长的情况。由图 5-46 可知，衬砌内外应变之和随地基浸水深度增加呈增加趋势，其中测点 1 增加最明显，其次是测点 4 和测点 6，当基底浸水深度达到 30cm 时，测点 1 应变之和达到 1034 $\mu\varepsilon$，测点 4 和测点 6 分别达到 505 和 421 $\mu\varepsilon$，其余测点增加值相对较小。

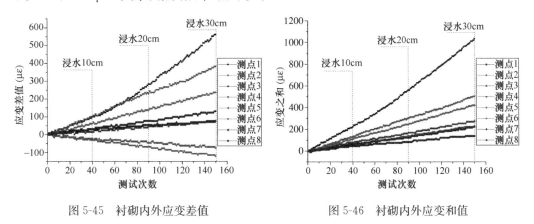

图 5-45　衬砌内外应变差值　　　　　　图 5-46　衬砌内外应变和值

2. 弯矩值与轴力分析

图 5-47 所示为基底全幅均匀浸水条件下隧道衬砌周边不同测点的弯矩变化曲线。图 5-48 所示为基底全幅均匀浸水条件下隧道衬砌周边不同测点的轴力变化曲线。分析图 5-47 可知，隧道衬砌周边各点弯矩变化规律与应变差值一致，测点 1 的弯矩变化最大，当浸水深度为 10cm 时，其弯矩值为 0.89kN·m，随着浸水深度的增加，其弯矩值增加尤为明显，浸水 30cm 时，弯矩值达到 5.46kN·m，其次测点 4 和测点 6 弯矩变化也较为敏感，当浸水深度达到 30cm 时，两者的弯矩值分别为 3.71 和 2.31kN·m，即拱顶和左右边墙处弯矩变化明显。另外，测点 2 和测点 5 则出现负弯矩现象，

说明隧道基底浸水使得隧道结构受力重分布。分析图 5-48 可知，隧道周边测点轴力也隧道浸水深度增加而增大，测点 1 轴力增加值最为明显，当浸水深度达到 30cm 时，测点 1 轴力值增加为 6.04kN，测点 4 和测点 6 次之，其余测点轴力变化相对较小。

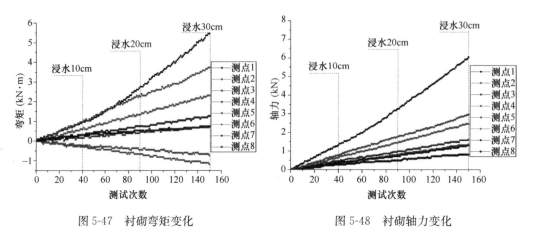

图 5-47 衬砌弯矩变化   图 5-48 衬砌轴力变化

结合图 5-40 和图 5-41，与隧道基底局部不均匀浸水结果相比，隧道基底全幅均匀浸水结果对隧道受力反而有利，从弯矩结果来看，局部不均匀浸水，浸水深度达 30cm 时，测点 2 和测点 7 两者的弯矩值较大，分别达到 10.39 和 8.90kN·m，而全幅均匀浸水，浸水深度 30cm 时，测点 1 的弯矩变化最大，弯矩值仅达到 5.46kN·m；从轴力结果来看，局部不均匀浸水，浸水深度达 30cm 时，测点 1 和测点 7 轴力变化最敏感，两者的轴力值分别为 10.95 和 10.92kN，而全幅均匀浸水，浸水深度 30cm 时，测点 1 轴力值增加仅为 6.04kN，无论弯矩还是轴力，基底全幅均匀浸水变化机制均较小。另外，基底局部不均匀浸水导致隧道结构弯矩和轴力变化呈不均匀现象，而全幅均匀浸水对隧道结构受力变化影响相对均匀。因此，仅从弯矩和轴力两方面分析，隧道基底全幅均匀浸水对隧道的影响要小于局部不均匀浸水对隧道的影响。

3. 土压力分析

图 5-49 所示为基底全幅均匀浸水条件下隧道衬砌周边不同测点的土压力变化曲线。由图 5-49 可知，随着基底浸水深度的增加，衬砌周边各点的土压力值均呈逐渐减小的趋势，其中测点 2 减小趋势最明显，其次是测点 5，当浸水深度达到 30cm 时，测点 2 土压力值减小值达 39kPa，测点 5 为 28kPa，其余各测点土压力值也各有减小。分析其原因，认为随着基底浸水深度增加，基底强度和承载力降低，且基底呈现出一定的湿陷性，隧道与基底地基土之间的相互作用减弱，隧道出现整体下沉现象，导致隧道周边整体土压力值减小，但由于土层原先与隧道衬砌各测点的接触压力值有所差异，因此，基底湿陷沉降导致的土压力减小值各测点也呈现出差异。

结合图 5-42，与基底局部不均匀浸水结果相比，全幅均匀浸水导致的土压力值均减小，不会出现局部不均匀浸水导致各测点土压力值有的增加有的减小的现象，可以说明全幅均匀浸水对隧道周边围岩压力影响也要小于局部不均匀浸水的影响。但同

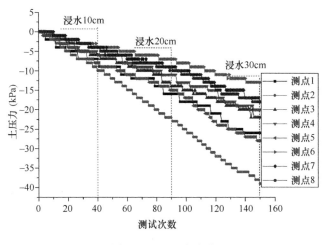

图 5-49　土压力变化

时，可以推断目前测点土压力值是基底湿陷情况下瞬时测定的，隧道周边围岩具有拱效应且有一定的自稳能力，所以可以保证隧道周边土压力值减小。但是，如果出现隧道周边围岩浸水，导致其拱效应破坏自稳能力消失，隧道周边土压力值是否会增加不得而知，因此，考虑最不利工况条件时，隧道周边围岩压力如何变化还需要深入研究。

4. 隧道位移分析

图 5-50 所示为基底全幅均匀浸水条件下隧道整体位移变化情况。由图 5-50 可以看出，全幅均匀浸水条件下隧道整体主要表现为竖向位移，水平位移较小，基本可忽略不计，当浸水深度为 10cm 时，隧道竖向位移为 6.0mm，随着浸水深度增加，隧道位移也呈逐渐增加趋势，当浸水深度达 30cm 时，隧道最大竖向位移值达到 22.2mm。因此，从隧道整体位移情况来看，基底全幅均匀浸水对隧道影响较为明显，与局部不均匀浸水情况相比，其竖向沉降值也较大，虽然局部不均匀浸水会导致隧道既发生水

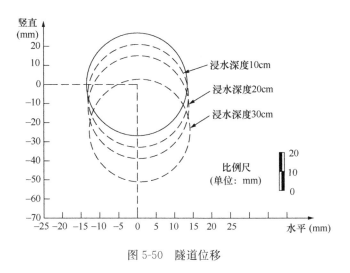

图 5-50　隧道位移

平位移也发生竖向位移，但水平位移值小于竖向位移值。因此，无论是局部不均匀浸水还是全幅均匀浸水，对隧道整体位移均有不可忽略的影响，必须采取相应的地基处理措施。

5. 地表沉降分析

图 5-51 所示为基底全幅均匀浸水条件下隧道上方地表沉降变化情况。由图 5-51 可看出，随着浸水深度增加，地表沉降也逐渐趋于明显，但是由于隧道的存在，地表各测点的沉降值有所差异。其中，隧道正上方地表沉降值最大，并向隧道两侧呈逐渐减小的趋势，浸水深度较小时，地表沉降不是很明显，当浸水深度达到 30cm 时，隧道正上方的地表沉降值达到 21mm。与局部不均匀浸水情况相比，全幅均匀浸水对隧道地表沉降的影响也更加明显，但不论是局部不均匀浸水还是全幅均匀浸水，由于隧道的存在，基底浸水时均会导致地表的沉降问题。因此，在修建隧道的地层基底土层地下水位上升时，可能会加剧地表沉降变化，故从地表沉降控制方面来考虑，也应当在湿陷性黄土地基修建隧道时预先采取地基处理措施。

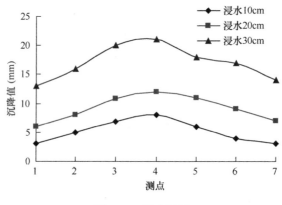

图 5-51　地表沉降

5.7.5　基底剩余湿陷量控制标准

剩余湿陷量定义为一定厚度的湿陷土层，经过一定措施处理后形成一部分不湿陷土层，剩余未处理的还具有湿陷性的土层厚度即为剩余湿陷量。当地铁上隧道基底湿陷性土层厚度较大时，如果按照《湿陷性黄土地区建筑标准》GB 50025 建议的完全处理湿陷土层可能造成经济上较大的浪费，而且现有隧道基底地基处理技术也无法达到很深的处理深度，随着基底处理深度的增加，其费用支出会翻倍增长。因此，本小节主要讨论对于一定厚度湿陷性土层的基底地基，是否需要全部处理，是否允许有一定厚度的湿陷性土层存在，结合本书试验成果给出一定湿陷厚度基底地基处治深度的合理建议值。

基于地铁隧道湿陷性黄土地基局部不均匀浸水试验结果可以看出，当浸水深度较小（小于 10cm）时，衬砌内外应变差值和应变和值均变化较小，应变差值小于 500με，应变和值小于 600με，说明此时隧道衬砌弯矩值和轴力值变化不是很大，土压力变化值也基本在 5kPa 之内。当基底浸水 10cm 时，隧道水平位移和竖向位移分别仅为 2.5 和 4.4mm，地表沉降值也普遍较小，说明当湿陷土层为 30cm 时，仅仅湿陷 10cm 对隧道整体影响不大，但随着浸水深度的增加，隧道弯矩、轴力、土压力、隧道位移和地表沉降值均明显增加。当浸水深度达到 20cm 时，隧道受力和位移变化均比较明显，因此，对于基底局部不均浸水工况而言，可允许有 10cm 的剩余湿陷量。由全幅均匀浸水试验结果可以看出，当浸水深度较小（小于 10cm）时，衬砌内外应变差值和应变和值均变化较小，应变差值小于 $200\mu\varepsilon$，应变和值小于 $300\mu\varepsilon$，说明此时隧道衬砌弯矩值和轴力值变化更小。相比局部不均匀浸水而言，全幅均匀浸水对隧道结构整体受力反而更有利，土压力变化值稍大，但也基本在 8kPa 之内，当基底浸水 10cm 时，隧道水平位移不明显，竖向位移达到 6.0mm，地表沉降值相比于局部不均匀浸水工况整体有所增加，但整体上也不超过 7mm，说明当湿陷土层为 30cm 时，仅仅湿陷 10cm 对隧道整体影响不大，因此，对于基底全幅均匀浸水工况而言，也允许有 10cm 的剩余湿陷量。因此，从上述试验结果来看，建议湿陷性地基的处治深度为 20cm，但采用何种地基处理方法，以及处理后效果评价仍然需要进一步研究，下一章将着重研究此问题。

5.8　小结

在前述几章研究的基础上，首先明确了湿陷黄土地层浸水力学特性的演化，本章以相似模型试验为手段，系统研究非饱和黄土地层浸水湿陷对地铁隧道结构的影响，取得主要成果如下：

（1）依托西安地铁临潼线实际工况，预判黄土地层中地铁隧道可能发生的湿陷工况，以模型相似比 1：30 设计了能够实现不同浸水工况的试验模型箱，经试验结果验证各浸水工况的浸水效果良好；采用有机玻璃模拟隧道衬砌结构，采用应变片、微型土压力盒、精密千分表等测试仪器开展弯矩、轴力、土压力和地表沉降等项目的测试。

（2）鉴于模型尺寸较大，使用原状黄土进行试验存在困难，以重塑黄土为主要材料，并掺加 CaO、工业盐、石膏粉等原料配制与原状黄土湿陷性相似的模型土体材料。经湿陷系数与剪切试验结果分析优化不同成分配比，并分析人工制备湿陷性黄土与原状黄土的湿陷系数与结构性对比，结果显示所配制人工湿陷性黄土与原状黄土湿陷性基本相似，可满足模型试验土体湿陷性模拟需求。

（3）结合西安地铁临潼线实际埋深情况（最浅埋深仅 6.5m、最大埋深 25.0m），设计浅埋地表浸水和深度基底浸水两种试验工况，并考虑地层局部不均匀浸水和全幅均匀浸水条件，研究了不同浸水深度对隧道结构受力、衬砌土压力以及隧道位移等的影响，基于试验结果提出地基剩余湿陷量控制标准，并建议湿陷性地基的合理处治深度。

（4）无论浅埋地表浸水还是深埋基底浸水均会对隧道结构受力产生明显的附加作

用，且不同浸水工况下隧道受力变化趋势有所差异。地表局部不均匀浸水时，随着浸水深度的增加弯矩变化值、轴力值、土压力值均呈增大趋势。当浸水深度为 30cm 时，测点 8 弯矩和轴力影响效应最明显，其弯矩值达到 10.85kN·m，轴力值达到 13.13kN；测点 5 的土压力值最大达到 46kPa，地表浸水不只会引起隧道应力重分布问题，更可能会引起隧道基底地基的附加荷载明显增大问题；地表全幅均匀浸水时，测点 2 增加值较为明显，浸水 30cm 时达到 54kN·m；轴力值变化说明隧道拱顶处受影响最为明显，与地表局部不均匀浸水结果相比，弯矩值和轴力值均明显偏大；围岩浸水作用导致围岩自承能力减弱，会引起隧道基底应力增加；基底局部不均匀浸水时，随浸水深度的增加右侧拱肩和左侧边墙处弯矩变化最明显；轴力在拱顶和左边墙处变化最明显；大部分土压力值均随浸水深度增加呈减小趋势，局部不均匀浸水还会导致地表的不均匀沉降和明显的隧道位移，地基不均匀浸水深度增加，强度及承载力逐渐削弱，地基与隧道发生协同沉降现象；基底全幅均匀浸水时，拱顶和左右边墙处弯矩变化明显，轴力随隧道浸水深度增加而增大，与基底局部不均匀浸水结果相比，无论弯矩还是轴力，基底全幅均匀浸水变化均较小，对隧道结构受力变化影响相对均匀，隧道整体主要表现为竖向位移，与局部不均匀浸水情况相比，其竖向沉降值也较大。

（5）地表均匀浸水对隧道整体结构受力影响最明显，但隧道整体位移相对较小，基底均匀浸水对隧道结构受力影响虽然较小，但隧道整体位移较大，如果考虑两方面因素影响，隧道周边地层全部浸水时，既增加了隧道结构与地基的受力，又减弱了地基的承载能力，隧道由于较大位移而引发病害的可能性大大增加。因此，无论从受力还是沉降考虑，在湿陷性地层修建隧道时，不同浸水工况均可能导致隧道病害和地表沉降变化，故在湿陷性黄土地基修建隧道时应预先进行地基处理。但采用何种地基处理方法，以及处理后效果评价仍然需要进一步研究，下一章将着重研究此问题。

第6章 湿陷性黄土地铁隧道基底地基处治优化研究

6.1 引言

盾构隧道经过湿陷性黄土地层时，隧道基底的承载强度对控制隧道整体变形具有关键作用。隧道开挖临空面的汇水作用以及地下水渗流路径导致的地下水位改变都可能导致隧道周边围岩及地基强度改变。从上一章可以看出，地表周边浸水会导致隧道围岩的自承能力大幅降低，成拱效应减弱，隧道承担的附加荷载增加，传递到隧道基底的附加荷载也会大幅增加，在原有地基承载力的基础上可能发生不均匀变形。隧道基底浸水会导致其强度降低，承载能力减弱，也可能引起隧道的附加变形。因此，可以看出，无论是地表周边浸水还是基底浸水均可能导致隧道发生不均匀沉降，沉降又会引起隧道衬砌的应力重分布，最终发生衬砌开裂、轨道变形等病害，威胁运营安全。因此，非饱和黄土地区地铁隧道的基底湿陷性问题应当得到足够重视。

目前，关于湿陷性黄土地铁隧道基底处理还没有明确的规范，常常借鉴现有建筑方面的《湿陷性黄土地区建筑标准》GB 50025 进行，存在一定的盲目性和不科学性。鉴于此本章主要从非饱和黄土地铁隧道基底湿陷性优化处理的目的出发，在对比各种常规隧道基底地基处治手段的基础上，以地表三轴搅拌桩为主要措施，通过模型试验和数值模拟手段，分析不同湿陷性处治深度和不同剩余湿陷量下的隧道受力及变形情况，从而提出非饱和湿陷性黄土地区地铁隧道基底合理处治深度，为工程实践提供一定参考。本章研究思路为：首先介绍地铁隧道基底地基处治方法，结合工程设计资料对比各种方法优缺点，最终选定三轴搅拌桩作为主要处治手段，进而通过模型试验和数值模拟方法研究不同基底处治深度时的隧道结构受力变化情况，以此评价地基处治效果，得到最优的处治方案，以期为后续黄土地铁湿陷地基设计提供参考，也为湿陷性黄土地铁隧道基底处理规范的建立提供借鉴。

6.2 隧道基底湿陷性地基处治方法

地铁临潼线（田王站—紫霞三路站间）、五号线（岳家寨站—长鸣路站间）的湿陷地基设计处理方案多是参照现有的《湿陷性黄土地区建筑标准》GB 50025 进行。由于地下结构无论是承载能力还是从结构与围岩的相互作用等方面均与地面结构差异甚远，而且地铁工程的施工场地也相对有限，完全按照该规范要求处理显得不合时宜，需要结合地铁工程实际特点，针对地铁工程开展是否需要处理的判断原则以及处理措施研究工作。根据《湿陷性黄土地区建筑标准》GB 50025，临潼线土建 2 标以及五号线土建 6 标段所涉地段判断为自重湿陷性黄土场地，由于该规范在地铁工程的适用性并不明确，所以也需要根据地铁工程的自身特点，分析研究地铁工程基底的受力条件以及环境变化可能性，提出地铁工程基底湿陷可能性判断原则与方法。

目前，湿陷性黄土地基处理原则主要包含如下几条：①完全消除基础以下黄土层湿陷性，此原则适用于深度为 15m 以内的湿陷黄土地层；②仅消除基础以下一定厚度黄土层湿陷性，可依据建（构）筑物的重要性及分类，确定湿陷地层最小处治厚度，严格控制剩余湿陷量；③基础穿越湿陷性黄土层，将基础置于非湿陷性土层或高强度持力层土；④充分做好建（构）筑物基础的防水、排水措施，确保基础下湿陷性黄土地基不具备浸水条件，从而达到减小或避免地基湿陷的目的。对于地铁隧道而言，隧道结构所处位置一般较深，通过桩基础作用于非湿陷性持力层上花费代价较高，另外由于隧道开挖的汇水作用，控制地下水迁移路径达到避免湿陷的目的显得不科学，所以考虑经济因素和可行性，非饱和湿陷性黄土隧道应当消除隧道结构基底的湿陷性，至于消除多少湿陷深度尚需深入研究。如果完全消除湿陷性理论上是最佳选择，但地铁所处的环境较为特殊，可能造成施工不便及支出费用增加，消除部分土层湿陷性达到控制湿陷对隧道结构的影响从实际角度出发是一种更合理的思路。

根据隧道施工区间划分，一般分为明挖车站、浅埋暗挖段和盾构区间段，各个区段由于施工方法的差异，地基处理方式的选择也有所不同。由于大多数地铁车站采用明挖法施工，与传统地基处理方法相比仅仅是施工场地有所限制，所以可选用的处理方法相对较多，而浅埋暗挖和盾构区间段均不具备明挖车站施工特点，因此，其地基处理方式选择局限性也更大。浅埋暗挖相对于盾构施工而言，还允许小型机械对隧道基底地基进行处理，盾构隧道在掘进过程中完全没有地基处理的操作空间，因此，其地基处治方式选择最局限。根据不同施工区间段特点，在处理方法的选择过程中，主要是要考虑处理方法适用范围、施工操作空间以及经济性等方面，不同施工区段的地基处理方法总结如下。

6.2.1 明挖车站地基处理

1. 垫层法

垫层法一般适用于厚度较薄的湿陷性黄土地基处理，分为素土垫层及灰土垫层两种。其原理为用素土或灰土夯实而成的垫层置换部分或全部的湿陷性黄土层，从而达到减小或消除地基湿陷量的目的，一定程度上提高了地基承载力，减小了浸水或荷载作用下的变形。垫层法适用于地下水位以上的土层，可处理的湿陷性黄土层厚度一般介于 1~3m，该方法具有经济简便、因地制宜等优点，在处理浅层湿陷性土层方面应用广泛。实践表明，经过垫层法处治后地基湿陷速率及湿陷量均明显减小，一般素土垫层处治后地基湿陷量减少至 1~3cm，灰土垫层处治后地基湿陷量减小至 1cm。结合西安地铁一、二、三号线实践经验，地铁车站附属结构湿陷性类别可按乙类或丙类建筑考虑，若基底湿陷性等级不高，可采用垫层法进行湿陷性处治，处治厚度一般取为 1m。

2. 挤密法

挤密法指利用沉管、爆破、冲击、夯扩等方法，在湿陷性黄土地基中形成填料孔，再将素土、灰土或水泥土逐层回填至孔内，从而达到加固地基、减小湿陷性的目的。挤密法适用于地下水位以上，饱和度 $S_r \leqslant 65\%$ 的湿陷性黄土地基，可处理的湿陷性黄土层厚度为 $5\sim15\mathrm{m}$。挤密作用可横向加密土层，增加土体密度改善其力学参数，施工时挤压成孔过程桩孔内土被向侧方强制挤出，孔周围土层受到挤压、扰动和重塑作用，微空隙体积减小，土中空气排出，土体密实程度增大，压缩性减小，承载能力明显增大。成孔挤密效应随距孔中间距离增加逐渐减弱，挤密作用半径一般为 $1.5\sim2d$（d 为成孔直径），桩距愈小，挤密效果愈明显。桩孔土与其周围挤密后的土体形成复合地基，共同承受上覆荷载，通过桩孔挤密作用不仅增加了桩周土体的承载强度还与桩孔内土体形成联合承载体，一般挤密法具有良好的改善地基湿陷性效果。

3. 强夯法

强夯法又称动力固结法，主要利用起重设备将重锤（一般为 $2.5\sim3.0\mathrm{t}$）起吊到某高度后自由下落（落距一般 $4.0\sim4.5\mathrm{m}$），对湿陷地基进行预先强力夯击，提高承载强度，减小浸水湿陷变形。强夯法也仅仅适用于地下水位以上地层，有效处理深度为 $3\sim12\mathrm{m}$，采用强夯法处理湿陷性黄土地基时，土的天然含水率一般要求比塑限含水率小 $1\%\sim3\%$。天然含水率过低时，可预先对地基增湿达到最优含水率附近再进行夯实；天然含水率过高时，可通过晾干或其他措施降低地基含水率至最佳含水率附近再夯实。但城市地铁车站一般位于人口密集的繁华地段，居民环境要求较高，强夯法施工时会产生较大的噪声污染，对周围环境造成诸多不利影响，因此，强夯法对地铁隧道而言，仅仅适用于人口密度较小的明挖区间段施工，其余部分强夯法具有较大的局限性。

4. 桩基础法

桩基础既是一种基础形式也可看作是一种地基处理措施。根据桩体受力不同可分为端承桩和摩擦桩两种。桩基础法在地基处理方面应用较多，取得了良好的效果，但也仍然存在潜在的局限性。如对于摩擦桩而言，桩周土浸水湿陷后强度大幅降低，桩侧摩阻力将大幅度减小，甚至由原来的有利作用变为不利作用，导致桩体的承载能力存在不可控因素。另外，由于桩体负摩擦力的发挥程度不同，可能引起基础产生严重的不均匀沉降，导致上方基础不均匀剪切效应，最终造成剪切破坏，威胁上方建筑物安全。因此，除桩身强度必须满足要求外，还应尽量采用穿透湿陷性黄土层的端承桩，桩端持力层应在非自重湿陷性黄土层，且必须是压缩性较低的非湿陷性土（岩）层。

6.2.2　浅埋暗挖段地基处理

1. 微型桩法

微型桩一般是指桩径不大于 $300\mathrm{mm}$、长细比大于 30、桩长不大于 $30\mathrm{m}$ 的灌注桩。桩体由压力灌注水泥（砂）浆或细石混凝土与加筋材料构成，结合受力要求，加筋材料可选钢筋、钢棒、钢管或型钢等。微型桩具有施工布置灵活特点，根据实际要求可做成多种型式（如垂直、切斜、单根、集束等），能灵活使用于荷载小而分散的中小型工业与民用建筑。随着应用的发展，不仅在新建工程的地基处理中广泛应用，还在工程的基础托换方面有所应用，特别适用于场地狭窄、净空低矮的工程现场，其优点较为突出，目前可引入盾构隧道暗挖段地基处理，可达到良好的预期效果。

2. 洞内二重管旋喷桩加固

旋喷桩是利用钻机将旋喷注浆管及喷头钻放置在桩底设计高程点，然后将预先配制好的浆液通过增压装置从注浆管喷嘴中高压喷出，形成高速喷射流体，破坏并加固周围土体形成加固作用，喷射过程中钻杆边旋转边提升，使浆液与周边土体充分搅拌混合，形成一定范围的柱状固结体，达到地基加固效果。一般适用于处理淤泥、淤泥质土、流塑、软塑或可塑黏性土、粉土、砂土、黄土、素填土和碎石土等地基。西安地铁常采用二重管进行盾构隧道端头加固及联络通道加固处理。洞内处理湿陷性黄土，处理深度浅，采用二重管旋喷加固可保证桩体质量。二重管高压旋喷器械较小，其成桩直径和桩间距可灵活布置，利于对基底所有湿陷性黄土进行置换，消除湿陷性。但旋喷桩成孔及成桩期间水泥浆可能引起周围湿陷性黄土变形沉降，存在一定暗挖隐患，洞内操作空间有限，对于隧道拱脚外侧土体需要斜向加固，施工操作困难。

3. 其他可行方法

浅埋暗挖由于还有一定的施工操作空间，因此，常规地基处理方法也可根据现场施工条件适当选择，如在 6.2.1 中的垫层法、挤密法、桩基础法以及深层搅拌桩法，均可适当采用，但是需考虑施工空间和振动控制要求的限制。

暗挖隧道底板以下的处理方法选择原则为：①对隧道中线以下至非湿陷性黄土分界线，隧道轮廓外 2m 范围内土层进行处理，以保证其湿陷变形控制在允许范围内。②地表有实施条件时可考虑进行地表加固处理，处理方法同盾构隧道。③地表无条件时采用洞内处理，洞内处理可采用微型桩法（隧道底有变形允许量时）和二重管旋喷桩法（隧底湿陷性土层完全消除时）。

6.2.3 盾构区间地基处理

由于盾构隧道施工方法的特殊性，盾构隧道地基处理方法的选择性极少，从目前情况来看，仅有注浆法及地表旋喷桩法可以选择。

1. 洞内注浆法

注浆法的具体处理方案一般采用水泥浆的浆体进行预注浆，现有资料表明，经过土体预注浆处理可达到将湿陷性土的变形模量以及强度提高 20%～30%的效果，注浆的范围应为隧道底板正下方湿陷性土层并深入非湿陷地层 1.0m，注浆法适用性强，但是浆液扩散规律不确定，注浆量也无法精确确定，因而在成本方面存在问题，因此，只有在强湿陷性土层且对地铁隧道沉降控制要求极高的情况下采用。虽然注浆法灵活可变，适用范围广，但对于一般湿陷性土层，考虑注浆过程的不可控性和经济性，注浆法并不是最优选择。

2. 地表三重管旋喷桩法

旋喷法施工是利用钻机把带有特殊喷嘴的注浆管钻进至地层的预定位置后，用高压脉冲泵将水泥浆液通过钻杆下端喷嘴向桩周喷入高速浆液，通过高速流体的冲击力达到切削加固土层的目的。同时，钻杆一边保持一定速度旋转（20r/min），一边保持低速（15～30cm/min）慢慢拔升，保证喷射浆体与桩周土体充分混合，浆体胶结硬化后在土层中形成一定直径和一定强度的桩体（0.5～8MPa），进而达到地层加固的效果。三重管是以三根互不相通的管子，按直径大小在同一轴线上重合套在一起，用于向土体内分别压入水、气和浆液。其中，内管由泥浆泵压送 2MPa 左右的浆液，中管由高压泵压送 20MPa 左右的高压水，外管由空压机压送 0.5MPa 的压缩空气，空气喷嘴套在高压水嘴外，在同一圆心上。三重管由回转器、连接管和喷头三部分组成，三重管旋喷法可用于永久性工程的地基加固，适用于工程兴建之前，高层建筑地基加固，提高地基承载力；也可用于工程落成之后，用于制止建筑的沉降及倾斜；还可以用于临时工程，例如基坑开挖，防止基坑隆起、流砂，作为防渗隔水帷幕，增加边坡的稳定性，防止土体滑动。

3. 三轴搅拌桩法

三轴水泥搅拌桩是利用水泥作为固化剂的主剂，利用搅拌桩机将水泥喷入土体并充分搅拌，使水泥与土发生一系列物理化学反应，使软土硬结而提高基础强度。适用于处理正常固结的淤泥与淤泥质土、粉土、饱和黄土、素填土、黏性土、泥炭土、有机质土等地基。组成水泥土搅拌桩复合地基，提高地基承载力、增大变形模量，减小沉降量。应用于建筑物地基、高速公路、铁路和机场场道、高填方堤基、大面积堆场地基等加固。目前，地铁工程中在端头加固、联络通道地层加固及基坑止水帷幕中应用广泛，其处理深度可达到 30m。盾构区间隧道各种地基处理方法优缺点对比如表 6-1所示。

盾构区间隧道地基处理方法对比 表 6-1

方法	适用性	优点	局限性
注浆法	适用于不同湿陷等级的黄土地层、软土地层等各种地层加固	灵活多变，适用范围广，处理效果较好	注浆量不可控，成本较高
旋喷桩加固	适用于一般湿陷性黄土地层、软土地层等各种地层加固	桩体布置灵活，可避让地下管线	造价较高
三轴搅拌桩	适用于一般湿陷性黄土地层、软土地层等各种地层加固	加固效果良好，施工进度快，造价合理	场地要求高，对地下管线可能有影响

综合以上各种方法可以看出，明挖车站以及浅埋暗挖区间的地基处理方法可选择性较大，并且处理起来相对容易，而盾构区间地基处理方法可选择性比较局限，且处理效果也存在疑问。因此，本章主要以盾构隧道区间的地基处理为对象展开研究。对

于盾构地铁区间隧道而言，对比三种地基处理方法可看出，地表三轴搅拌桩法适应性较强，加固效果良好，施工进度较快，经济性也在可接受的范围之内，另外，西安地铁临潼线设计文件中也建议采用地表三轴搅拌桩进行湿陷性土体预处理，因此，下面主要以三轴搅拌桩为例开展研究，分别通过模型试验和数值分析手段优化隧道结构基底的处治深度以及桩间距等各项参数，以期为后续湿陷地基处理设计提供参考。

6.3　不同处治方案的数值模拟分析

由于一组模型试验所需时间较长，考虑时间与经济成本等因素，只能开展有限工况的模型试验，另外试验中不可控因素较多，无法达到数值模拟设置的理想情况。随着计算机技术的发展，数值方法已经成为岩土工程中不可或缺的手段之一，并且数值方法不受经济成本的限制，可以开展任意工况的数值模拟研究，具有更好的适应性，但同时也存在缺点，如土体本构模型精度不足，土体参数设置的随意性等都给模拟结果可靠性带来了考验，但整体来说，数值模拟手段仍是岩土工程研究的重要手段，其结果也具有相当的参考价值。本小节考虑模型试验的局限性和数值方法的优越性，考虑影响因素（如处治范围、处治深度、桩间距等），采用 ANSYS 有限元软件，开展不同隧道地基处治参数的数值模拟研究，给出更优化的处治参数，为开展模型试验提供更准确的参数值，减少模型试验验证的工作量。工况选择仍以深埋隧道的基底全幅均匀浸水为例，浸水深度选择最不利工况的 30cm。

6.3.1　计算模型与参数

本书主要研究隧道基底横向浸水情况，而本小节考虑的工况为隧道基底全幅均匀浸水，不考虑隧道基底纵向不均匀浸水问题，因此，沿隧道纵向任一横截面受力及变形情况均一致，即可看作隧道长度方向的平面应变问题，可建立二维模型进行处治参数的优选。采用 ANSYS 建立与模型试验原型一致的数值模型，考虑圣维南原理，为减小边界效应的影响隧道左右两边分别取 4 倍的隧道直径，模型长度为 54m，高度为 30m，隧道直径为 6m，管片采用 C50 混凝土（物理力学参数见表 6-2），厚度为 30cm，盾构管片采用 Beam3 梁单元，围岩采用 Plane42 单元，模型约束条件为：模型底面为水平与竖向固定约束，两侧设置水平位移约束，模型上表面为自由面（图 6-1）。

衬砌管片物理力学参数　　　　　　　　　　　　　　　　表 6-2

材料	弹性模量（GPa）	泊松比	重度（kN/m³）
衬砌管片（C50）	34.5	0.167	24.5

设计资料表明，隧道所处地质条件为大厚度湿陷性黄土，因此，围岩均设置为湿陷性黄土，黄土围岩物理力学参数如表 6-3 所示，土体屈服服从 D-P 准则。数值模拟结果的可靠性主要依赖于黄土浸水湿陷性的精确模拟，但目前 ANSYS 软件中没有适用于黄土浸水的本构模型，本次试验仍然采用现有常用的折减法来模拟黄土湿陷，虽

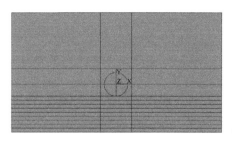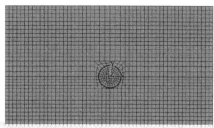

图 6-1　数值计算模型

然结果可能存在误差，但受力规律仍然具有参考价值。

黄土围岩物理力学参数　　　　　　　　　　　表 6-3

材料	天然重度（kN/m³）	压缩模量（MPa）	黏聚力（kPa）	内摩擦角（°）
湿陷性黄土	16.7	12.6	3	30.66

由于本章涉及隧道基底黄土浸水湿陷的数值模拟，而湿陷性黄土浸水后，其物理力学参数（如强度、弹性模量等）和本构关系均会发生变化，如何在数值计算中体现黄土浸水后的性质变化，目前还尚未有较好的方法。为近似实现黄土湿陷性模拟，一些学者也开展了相关研究。赵文涛不考虑湿陷等级和湿陷变形量的大小，其假定湿陷变形后的土体与其上面的人工地基相脱离，人工地基相当于被架空，利用杀死湿陷后的土体单元来模拟黄土的浸水湿陷变形，但此种方法模拟效果常常大于实际湿陷效果。董晓明通过对湿陷后土体密度及弹性模量值进行修正来模拟黄土的浸水湿陷变形，并通过对同一模型分别采用密模修正法和力水等效法两种不同的处理方法对模型进行仿真分析，验证了密模修正法的可行性，各种折减方案与现场实测进行了对比分析，得出了最优化的折减方案。前人研究资料表明，黄土浸水前后弹性模量会发生变化，并且给出了浸水后黄土弹性模量约为浸水前原状黄土的 0.1～0.5 倍，但如何精确模拟黄土浸水湿陷性仍然是数值计算中的难点。

数值模拟计算中常以模量 E、黏聚力 c 和内摩擦角 φ 三个力学指标为出发点进行计算，黄土浸水后宏观上表现出一定的湿陷变形。目前，关于黄土浸水湿陷机理仍存有不同观点，理论上通过调整浸水后黄土三参数的变化就可以成功实现黄土湿陷变形的数值模拟，而数值模型中只需要宏观上的变形值，故只从湿陷变形角度考虑，通过模量修正就可以满足要求，因此，黄土浸水湿陷后三参数如何模拟即成为数值计算成果精确与否的关键。三参数中黏聚力 c 和内摩擦角 φ 为与强度有关的参数，模量 E 为与变形相关的参数，因此，主要对弹性模量 E 进行修正，根据现有的研究，黄土浸水后弹性模量折减值宜取 0.3，本书也以此值开展后续的数值模拟分析。

6.3.2　模拟工况设计

数值模拟工况以地基处治深度、处治范围和桩间距作为主要控制因素。根据工况概况资料，隧道基底以下的湿陷性黄土层厚度为 9m，因此，地基处治深度分别选择为1、2、3、4、5、6、7、8、9m；地基处治范围最大为拱腰一侧1倍隧道直径，因此，地基处治范围选择隧道外侧距离分别为1、2、3、4、5、6m；根据现有调研资料，水泥三轴旋喷桩处理软土地基的桩间距一般选择为2m，但在隧道基底地基处理中尚未有可靠资料参考，因此，本书选择桩间距分别为1.5、1.8、2.1、2.4、2.7m。综上所述，本章主要研究三种工况，工况一：地基处治范围（3m）和桩间距（2.1m）一定时，研究地基处理深度对隧道结构受力及位移的影响；工况二：地基处理深度（6m）和桩间距（2.1m）一定时，研究地基处治范围对隧道结构受力及位移的影响；工况三：处治范围（3m）和地基处理深度（6m）一定时，研究桩间距对隧道结构受力及位移的影响。

隧道基底地基经过三轴搅拌桩处理后即可看作复合地基，为了与实际情况更加相似，且模拟过程更加简洁，首先采用复合地基思想对其模型进行计算，即考虑均匀化理论以及黄土和三轴旋喷桩各自的模量，把黄土和三轴旋喷桩等效为某模量值的复合地基，在建模中隧道基底以复合地基设置即可。复合地基模量计算公式为：

$$E_{sp} = mE_p + (1-m)E_s \tag{6-1}$$

式中，E_{sp} 为复合地基模量；E_p 为桩体模量；E_s 为地基土模量；m 为面积置换率，其计算公式为：

$$m = \frac{d^2}{d_e^2} \tag{6-2}$$

式中，d 为桩身直径；d_e 为每根桩分担的处理面积的等效圆直径，$d_e = 1.05s$；s 为桩间距。$\phi850mm@600mm$ 的三轴搅拌桩，桩间距为1.6、1.8、2、2.2、2.4、2.6m时，采用式（6-1）和式（6-2）计算得到其加固地区复合压缩模量，如表6-4所示。

不同桩间距处治后加固地区模量值　　　　　表6-4

桩间距（m）	1.5	1.8	2.1	2.4	2.7
压缩模量（MPa）	57.63	41.25	35.15	29.33	25.88

影响结果通过隧道位移、横截面环向应力以及弯矩来评价，数据提取点沿隧道周边均匀设置，一共设置8个测点，如图6-2所示，其中隧道位移提取点选择衬砌拱顶、仰拱以及量测拱腰处作为代表点。

6.3.3　不同工况结果分析

1. 处理深度影响

地基处治范围取为3m，桩间距取为2.1m，研究地基处理深度分别为1、2、3、4、5、6、7、8、9m（全部处理）时对隧道结构受力及位移的影响。图6-3给出

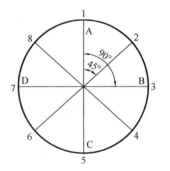

图6-2　数据提取点

了不同地基处理深度下的隧道竖向位移值。由图可以看出，随着地基处理深度的增加，隧道竖向位移逐渐减小，并且初始段桩基处理效果明显，当处理深度超过一定值

时，处理效果趋于不明显；当处理深度超过 5m 时，隧道整体竖向沉降范围可达到规范要求的 20mm，但是因为处理深度对沉降值影响较为敏感，因此，为了偏于安全，处理深度值取为 6m。

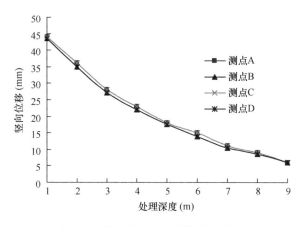

图 6-3　处理深度对竖向位移的影响

提取隧道衬砌对应测点的接触压力值作为土压力，以测点为横坐标，以土压力值为纵坐标，绘制不同地基处理深度时的土压力变化曲线，如图 6-4 所示。分析图 6-4 可以看出，不同位置处的土压力值差异较大，仰拱和拱顶位置较大，两侧边墙位置较小。地基处理深度不同时，隧道基底全幅浸水会对周边土压力变化值造成差异，当处理深度为 1m，隧道仰拱和拱顶处土压力值最小，随着处理深度增加，其值也有所增加，说明随着地基处理深度的增加导致隧道地基强度增加，其承载能力也增加，在浸水导致的围岩成拱效应减弱的情况下，围岩压力反而会有所增加。两侧边墙处围岩压力随着地基处理深度的增加呈现微弱减小的趋势，地基处理深度越大对隧道两侧边墙的受力越有利。仅从围岩压力变化来看，并不是地基处理深度越大越好，因为仰拱和拱顶处压力值会随着处理深度的增加有所增大，但地基处理深度越大，对隧道变形控制效果越好，从变形角度来看，地基处理深度越大效果越优。

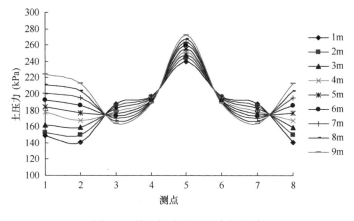

图 6-4　处理深度对土压力的影响

2. 处治范围影响

地基处理深度取为 6m，桩间距取为 2.1m，研究地基处治范围分别为 1、2、3、4、5、6m 时对隧道结构受力及位移的影响。图 6-5 所示为不同隧道基底处治范围时所对应的竖向位移。由图 6-5 可以看出，处治范围对竖向位移影响不明显，只要确保处治范围满足隧道两侧边墙外 1m 即可满足规范要求。另外，随着处治范围的增加，控制竖向变形的能力并不能明显提高，即使处治范围达到 6m，竖向位移仍有 8mm 左右。因此，从隧道竖向位移方面分析，着重关注隧道基底以下的地基处理即可。

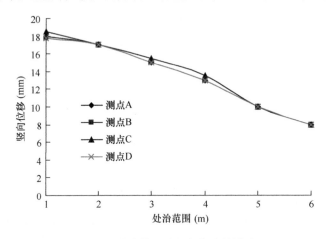

图 6-5　处治范围对竖向位移的影响

图 6-6 给出了不同测点处治范围不同时所对应的接触压力。分析图 6-6 可以看出，仰拱处接触压力较大，且隧道处治范围的增加呈增大趋势，拱顶压力较小，但变化规律与仰拱处治一致，说明处治范围越小反而对隧道拱顶和仰拱处的受力有利。这是因为，处治范围较小时，地基具有一定的柔性特征，可允许隧道与土体之间发生一定的自适应变形，但随着处治范围的增加，地基的刚度增加，抵抗变形能力增加，当浸水发生时，围岩承载能力减弱，围岩压力增加，最终表现为隧道与土体的接触压力也增加，因此，仅从受力方面来看处治范围小时反而更优。但同时可以看出，两侧边墙处接触应力随着处治范围的增加而减小，这是因为随着处治范围的增加隧道整体性

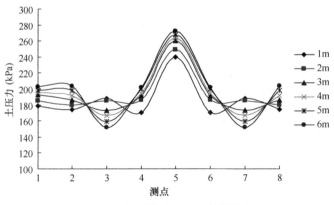

图 6-6　处治范围对土压力的影响

增强，侧压力传递减弱，当隧道周围土体浸水时，作用于隧道两侧边墙的力减弱。因此，处治范围越大对隧道两侧边墙的受力有利，即使如此，两侧边墙处接触应力相对于仰拱处较小，应以应力较大的仰拱处压力值作为控制标准。因此，结合隧道竖向位移的要求，确定隧道基底地基处治范围为两侧边墙外各 1m 即可。

3. 桩间距影响

处治范围取为 3m，地基处理深度取为 6m，研究桩间距分别为 1.5、1.8、2.1、2.4、2.7m 时对隧道结构受力及位移的影响。图 6-7 给出了隧道基底浸水作用下不同桩间距时所对应的竖向位移。分析图 6-7 可知，随着桩间距的增加，隧道基底浸水下的竖向位移值逐渐增大，且当桩间距小于 2.1m 时，竖向位移小于规范要求值。当桩间距小于 2.1m 时，直线斜率较小，说明竖向位移对桩间距不是很敏感；当桩间距大于 2.1m 时，直线斜率较大，说明桩间距较大时竖向位移变化趋于敏感，因此，桩间距取 2.1m 较为合适。

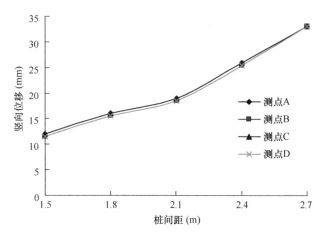

图 6-7　桩间距对竖向位移的影响

图 6-8 给出了隧周各测点在不同桩间距下的衬砌表面接触压力值。由图 6-8 可以看出，随着桩间距增大，各测点的接触压力值逐渐减小，说明桩间距较大时，隧底地基具有一定的柔性，能够承受隧道一定的协调变形，因此，表现出的接触压力值逐渐

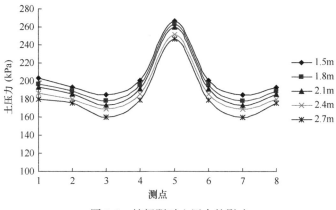

图 6-8　桩间距对土压力的影响

减小。这与理论分析结论一致，因为随着桩间距增大，隧道复合地基模量换算值逐渐减小，隧道基底变形能力增强，隧道与土体间的接触压力值也减小。但整体来看，不论桩间距为多大，隧道衬砌的接触压力值变化幅度不是很大，因此，从控制变形角度考虑，桩间距取为2.1m较为合适。

综上所述，分析不同工况下的数值结果，并综合考虑隧道竖向位移及衬砌接触压力，认为地基处理深度取6m、处治范围取隧道边墙外1m、桩间距取2.1m是最经济参数。但数值计算中土体本构模型未充分考虑，黄土浸水增湿变形本构关系无法模拟，仅仅是通过模量修正的方法来模拟黄土浸水增湿特性，这与实际情况有一定差异。另外，数值模拟中也无法考虑浸水速度、浸水面积，以及土体内部水分迁移规律等，这都会造成与实际情况一定的误差。因此，在数值模拟初步确定优化参数的基础上，设计5组模型试验进一步优化并验证地基处理深度和桩间距参数。并且从上述结果可以看出，地基处治范围对竖向位移及受力影响不是很明显，只要保证处治范围大于隧道边墙外1m即可，因此，下一小节中忽略处治范围的影响，主要以处理深度和桩间距两个参数展开研究。

6.4　三轴搅拌桩处治试验分析

由上一节结果分析知，深埋隧道的基底全幅浸水对隧道结构受力及位移影响较明显，为使试验结果更具有代表性，本小节主要以此工况为例开展地基处理优化研究。目前，常用的三轴水泥搅拌桩尺寸有：$\phi1000mm@750mm$、$\phi850mm@600mm$ 和 $\phi650mm@450mm$ 等，本书选取尺寸为 $\phi850mm@600mm$ 的三轴搅拌桩进行处治，分别研究处治深度、桩间距（置换率）的变化对处治效果的影响。

6.4.1　工况及处治参数确定

目前，$\phi850mm@600mm$ 的三轴搅拌桩设置参数并无规范可循，一般依据经验进行确定。在软土地基处理时，常常设置为2m左右，有研究人员经过数值计算，也得到了桩间距设置为2m时较为合适。因此，本小节中分别选取桩间距为1.8、2.1和2.4m进行对比分析，地基处理深度选择3、6和9m对比处治效果，一共设计了5组试验，具体工况参数如表6-5所示，三轴搅拌桩采用梅花形布设，不同桩间距的布置型式见图6-9。

工况设计　　　　　　　　　　　　　　　　　　表6-5

工况编号	桩间距（原型值）	处理深度（原型值）
工况1	60mm（1.8m）	200mm（6m）
工况2	70mm（2.1m）	200mm（6m）
工况3	80mm（2.4m）	200mm（6m）
工况4	70mm（2.1m）	100mm（3m）
工况5	70mm（2.1m）	300mm（9m）

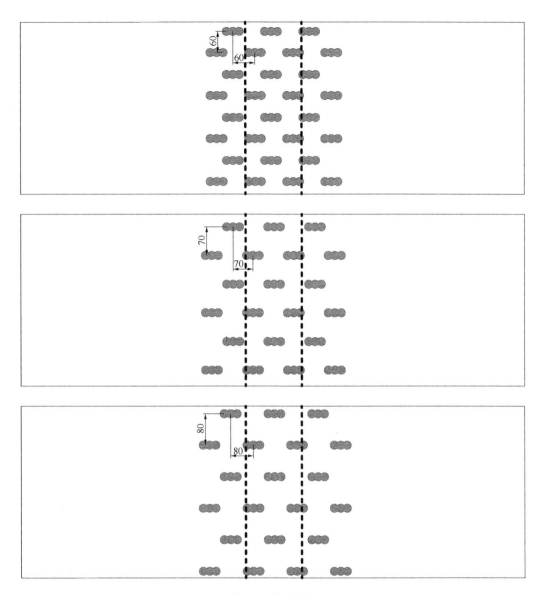

图 6-9　桩型布置

桩基模型采用 PVC 管进行模拟，相似比仍为 1：30，因此，得到桩基模型与原型的比例关系（表 6-6），模型桩直径应为 28.3mm，但实际 PVC 管没有直径为 28.3mm 的成品，因此，选用最接近的公称直径 25mm 的 PVC 管来模拟桩基，由于选用桩基直径偏小，因此，得到的结果也应偏安全。另外，实际中三轴搅拌桩是由地表施工的，一直施工至指定深度，因此，理论上隧道上方的桩基部分对加固围岩也有一定作用。本试验只考虑隧道基底桩基部分，而不考虑隧道上方部分，得到的结果也是偏于安全的。三轴旋喷桩与模型桩尺寸参数如表 6-6 所示。

模型试验安装过程基本同第 5 章中介绍的内容，不同的是对于不同地基处理深度时，应预埋设对应长度的三轴搅拌桩，模型安装完成后进行基底全幅均匀浸水，浸水深度达到最不利工况的 30cm 时，读取衬砌内外应变与土压力值，同理可由衬砌内外应变值计算得到不同测点的弯矩和轴力。

原型桩与模型桩参数   表 6-6

参数	桩径（mm）	孔间距离（mm）	搭接长度（mm）	桩长（m）
模型	28.3	20	8.3	0.1
原型	850	600	250	3

6.4.2 处理后隧道受力对比分析

1. 隧道弯矩

根据试验工况设计，分别考虑了桩间距和处理深度对隧道受力的影响。图 6-10 所示为处理深度为 6m 时，不同桩间距对地基浸水引起的衬砌周边各测点弯矩的影响。由图 6-10 可以看出，未经过地基处理时，地基浸水对隧道各点的弯矩影响较大，会造成隧道衬砌结构的应力重分布，不论是正弯矩（弯矩增大）还是负弯矩（弯矩减小），其绝对值均比经过地基处理后的弯矩值要大，经过三轴搅拌桩处理后，衬砌各测点的弯矩值绝对值均有所减小，但各点的减小程度有所不同，并且桩间距不同对各测点的弯矩减小值也影响明显。对于测点 1 而言，未处理时地基浸水导致弯矩变化值达 5.45kN·m，但经过不同桩间距三轴搅拌桩处理，其弯矩变化值分别为 1.47、0.97、0.87kN·m，即不论桩间距为多大，经过三轴搅拌桩处理后，地基浸水对其弯矩值扰动明显减小。但对于测点 4 而言，未处理时地基浸水导致弯矩变化值达 3.73kN·m，但经过不同桩间距三轴搅拌桩处理，其弯矩变化值分别为 2.35、0.97、0.6 kN·m，不同桩间距对弯矩变化值的影响比较明显。其他测点经过三轴搅拌桩处理后，桩间距对弯矩变化值影响介于测点 1 和测点 4 之间。从整体上看，三轴搅拌桩地基处理方式对衬砌各点的弯矩变化值影响明显，即此种地基处理方式对隧道整体受力效果是有利的。但还可以看出，桩间距越大对弯矩变化值影响越小，桩间距越小对弯矩变化值影响越大，说明桩间距越小地基浸水导致隧道衬砌各点的弯矩变化值越

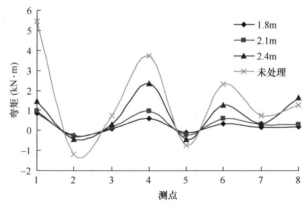

图 6-10　桩间距对弯矩的影响

小。仅从受力角度来看，桩间距越小越好，但实际工程中需要考虑施工与经济因素，当桩间距为1.8和2.1m时，弯矩扰动值相差不大，即当桩间距达到一定值时，进一步减小桩间距增加桩体密度其地基处理效果已经趋于不明显，因此，从弯矩分析来看建议合理桩间距取值为2.1m。

图6-11给出了桩间距为2.1m时，地基处理深度（即桩长）对地基浸水引起的弯矩变化值的影响。经过不同桩长的三轴搅拌桩处理后，衬砌各点的弯矩变化值均有所减小，但不同测点处减小值有所差异，并且桩长对弯矩变化值的影响较为显著。对于测点1而言，未处理时地基浸水导致弯矩变化值达5.45kN·m，但经过不同桩长三轴搅拌桩处理，其弯矩变化值分别为2.75、0.97、0.37kN·m，可见桩长较小时，地基浸水导致的弯矩变化值仍然较大，说明桩长较小时对地层湿陷的控制作用非常有限。同理，对于测点4而言，未处理时地基浸水导致弯矩变化值达3.73kN·m，经过不同桩长三轴搅拌桩处理，其弯矩变化值分别为2.24、0.97、0.37 kN·m，因此，桩长较小时对地层处理效果无法达到要求。其他测点表现出同样的规律，桩长越大对隧道地基处理效果越好，当桩长为9m（湿陷地基全部处理）时，地基浸水后对衬砌各测点的弯矩扰动非常小。因此，从弯矩分析来看，桩长越大（湿陷性地基处理深度越大）对地基浸水引起的弯矩扰动控制越明显，但从施工成本和施工工艺方面考虑，桩体并不是越长越好。结合图6-11结果，当桩长达到一定值时（即湿陷地基处理一定深度），浸水引起的隧道衬砌各点弯矩值变化已经不是很大，因此，实际工程中湿陷地基处理只要达到一定值即可，允许有一定的未处理湿陷地基，对比本试验而言，当湿陷地基深度为9m时，处理深度只需取6m即可。

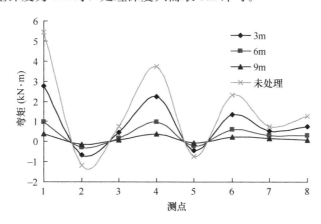

图6-11　处理深度对弯矩的影响

2. 隧道轴力

图6-12给出了处理深度为6m时，不同桩间距对地基浸水引起的衬砌周边各测点轴力的影响。分析图可以看出，未经过三轴搅拌桩地基处理时，地基浸水引起的隧道衬砌各点的轴力变化值较大，会由于过大的轴力变化造成隧道衬砌结构的应力重分布。经过三轴搅拌桩地基处理后，浸水引起的衬砌各测点的轴力变化值均有所减小，但各点的减小程度有所不同，并且桩间距不同对各测点的轴力减小值也影响明显。对

于测点 1 而言，未处理时地基浸水导致轴力变化值达 6.04kN，但经过不同桩间距三轴搅拌桩处理，其轴力变化值分别为 2.1、1.25、0.82kN，即不论桩间距为多大，经过三轴搅拌桩处理后，地基浸水对其轴力值扰动明显减小。对于测点 4 而言，未处理时地基浸水导致轴力变化值达 2.95kN，但经过不同桩间距三轴搅拌桩处理，其轴力变化值分别为 1.1、0.76、0.47kN，不同桩间距对轴力变化值的影响也比较明显。其他测点经过三轴搅拌桩处理后，桩间距对轴力变化值均有一定影响。从整体上看，三轴搅拌桩地基处理方式对衬砌各点的轴力变化值影响明显，即此种地基处理方式对隧道整体受力效果是有利的。但还可以看出，桩间距越大对轴力变化值影响越小，桩间距越小对轴力变化值影响越大，说明桩间距越小地基浸水导致隧道衬砌各点的轴力变化值越小，仅从受力角度来看，桩间距越小越好。同样地，实际工程中需要考虑施工与经济因素，当桩间距为 1.8、2.1 和 2.4m 时，轴力扰动值相差不大，即当桩间距达到一定值时，进一步减小桩间距增加桩体密度其地基处理效果已经趋于不明显。从轴力结果分析来看，桩间距对衬砌各点轴力变化值作用不是很敏感，因此，建议合理桩间距取值为 2.4m 也可以。

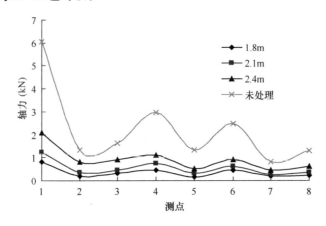

图 6-12　桩间距对轴力的影响

图 6-13 给出了桩间距为 2.1m 时，地基处理深度（即桩长）对地基浸水引起的轴力变化值的影响。经过不同桩长的三轴搅拌桩处理后，衬砌各点的轴力变化值均有所减小，但不同测点处减小值有所差异，并且桩长对轴力变化值的影响也较为显著。对于测点 1 而言，未处理时地基浸水导致轴力变化值达 6.04kN，但经过不同桩长三轴搅拌桩处理，其轴力变化值分别为 3.02、1.25、0.22kN，可见桩长较小时，地基浸水导致的轴力变化值仍然较大，说明桩长较小时对地层湿陷的控制作用非常有限。同理，对于测点 4 而言，未处理时地基浸水导致轴力变化值达 2.95kN，经过不同桩长三轴搅拌桩处理，其轴力变化值分别为 1.74、0.76、0.09kN。因此，无论测点 1 还是测点 4 均表明桩长较小时对地层处理效果无法达到要求，这是因为桩长较小的未处理的湿陷地层浸水引起的湿陷变形仍然可通过处理部分向隧道传递。其他测点表现出同样的规律，桩长越大对隧道地基处理效果越好，当桩长为 9m（湿陷地基全部处理）时，地基浸水后对衬砌各测点的轴力扰动非常小。因此，从轴力结果分析来看，

桩长越大（湿陷性地基处治深度越大）对地基浸水引起的整体扰动控制越明显。但从施工成本和施工工艺方面考虑，桩体并不是越长越好，结合图 6-11 结果，当桩长达到一定值时（即湿陷地基处理一定深度），浸水引起的隧道衬砌各点轴力值变化已经不是很大。因此，实际工程中湿陷地基处理只要达到一定值即可，允许有一定的未处理湿陷地基。对比本试验而言，当湿陷地基深度为 9m 时，处理深度同样只需取 6m 即可。

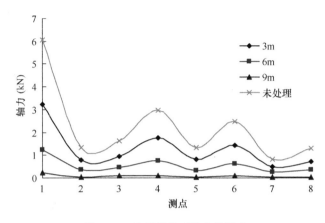

图 6-13　处理深度对轴力的影响

　　结合图 6-10～图 6-13 可看出，无论是轴力还是弯矩，桩间距对其变化的敏感程度要小于桩长的影响，尤其是从轴力结果分析可看出，也就是说只要桩长达到一定值，桩间距可以适当增加，但无论衬砌弯矩还是轴力均对桩长变化较为敏感，当桩长达到 9m（湿陷地基全部处理）时，弯矩和轴力变化均较小。对于本试验而言，当湿陷地基厚度为 9m 时，需要处理的地基深度应达到 6m，桩间距保守宜取为 2.1m，若受施工条件或经济条件限制，桩间距可适当放大为 2.4m。

3. 土压力

　　土压力反映了土体与隧道间的相互接触作用，通过土压力分析可看出土体介质对隧道衬砌的直观作用。图 6-14 给出了处治深度为 6m 时，不同桩间距对地基浸水引起的衬砌周边各测点土压力的影响。由图 6-14 可以看出，地基未处理时浸水引起的衬砌周边各点的土压力变化值较大，应力重分布较为明显，经过三轴搅拌桩地基处理后，地基浸水引起的衬砌周边测点土压力变化值明显减小，但不同测点的减小值有所差异。对于测点 2 而言，地基未处理导致的土压力变化值为 39kPa，经过不同桩间距的三轴搅拌桩处治后，地基浸水引起的土压力变化值分别为 16、9、6kPa。当处治深度为 6m 时，不论桩间距为多少，地基处理效果均比较明显，并且经过三轴搅拌桩处理后，隧道衬砌各测点土压力变化值相对比较均匀，避免了由于地基浸水不均匀沉降导致的隧道衬砌应力重分布现象。同时还可以看出，桩间距越小桩体越密，地基浸水引起的土压力变化值也越小，说明地基处理效果也越好，但只要地基处治达到一定深度，桩间距对土压力的变化影响也不是很敏感，因此，在施工条件和经济条件限制的情况下，可以考虑适当放大桩间距值。

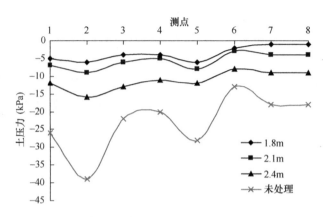

图 6-14　桩间距对土压力的影响

图 6-15 给出了桩间距为 2.1m 时，地基处理深度（即桩长）对地基浸水引起的土压力变化值的影响。分析可知，经过不同桩长的三轴搅拌桩处理后，衬砌各点的土压力变化值均有所减小，但不同测点处减小值有所差异，并且桩长对土压力变化值的影响也较为敏感。对于测点 2 而言，未处理时地基浸水导致土压力变化值达 39kN，但经过不同桩长三轴搅拌桩处理，其土压力变化值分别为 20、9、3kN，可见桩长较小时，地基浸水导致的土压力变化值仍然较大，说明桩长较小时对地层湿陷的处治效果非常有限，因此，表明桩长较小时对地层处理效果无法达到要求。这是因为桩长较小的未处理的湿陷地层浸水引起的湿陷变形仍然可通过处理部分向隧道传递。其他测点表现出同样的规律，可以看出桩长越大对隧道地基处理效果越好，当桩长为 9m（湿陷地基全部处理）时，地基浸水后对衬砌各测点的土压力扰动非常小。因此，从土压力结果分析来看，桩长越大（湿陷性地基处治深度越大）对地基浸水引起的土压力扰动控制越明显。但从施工成本和施工工艺方面考虑，桩体并不是越长越好，当桩长达到一定值时（即湿陷地基处理一定深度），浸水引起的隧道衬砌各点土压力值变化已经不是很大。因此，实际工程中湿陷地基处理只要达到一定值即可，允许有一定的未处理湿陷地基。对比本试验而言，当湿陷地基深度为 9m 时，处治深度同样只需取 6m 即可。

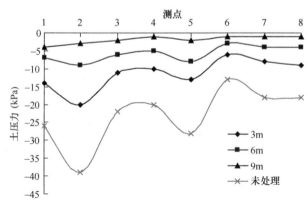

图 6-15　处理深度对土压力的影响

6.4.3　处理后隧道位移对比分析

采用第 5 章方法得到不同工况下隧道整体位移情况。图 6-16 给出了地基处理深度为 6m 时，不同桩间距对地基浸水引起的隧道整体位移的影响。由图 6-16 可看出，未经地基处理时隧道整体沉降为 22.2mm，经过不同桩间距的三轴搅拌桩处理后，隧道整体位移明显减小，并且桩间距越小，隧道整体位移也越小，说明对地基的处理效果也越好。当地基处理深度为 6m，桩间距为 2.4m 时，隧道沉降值为 14.3mm，当桩间距取 1.8m 时隧道沉降值仍为 7.4mm，地基处理深度一定时，减小桩间距增大桩体密度不会对控制隧道沉降有明显作用。同理，在同一处理深度时，可适当增加桩间距。

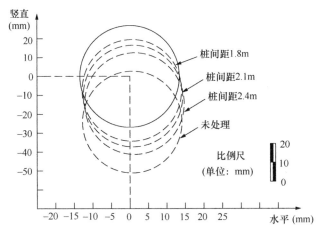

图 6-16　桩间距对隧道位移的影响

图 6-17 给出了桩间距为 2.1m 时，地基处理深度（即桩长）对地基浸水引起的隧道整体位移的影响。可以看出，经过不同桩长的三轴搅拌桩地基处理后，隧道沉降值均有不同程度的减小，当桩长分别为 3、6 和 9m 时，地基浸水引起的隧道整体沉降分别为 19.6、10.3 和 3.1mm。桩长对整体沉降变化影响也较为明显，桩长为 3m

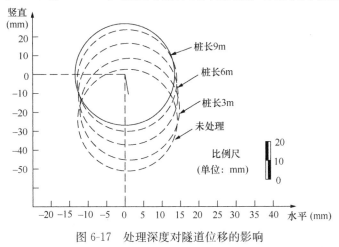

图 6-17　处理深度对隧道位移的影响

时，隧道整体沉降接近于未处理的情况；当桩长增加到 6m 时，隧道沉降值明显减小；当桩长为 9m 时，隧道竖向沉降值基本趋于零。分析原因认为，当桩长为 3m 时，仅仅起到加固隧道基底地基有限的范围，而剩余湿陷地基仍有 6m，浸水导致的湿陷仍然会对隧道有明显的影响。随着桩长增加，地基处理深度增加，剩余湿陷地基逐渐减小，地基浸水引起的隧道整体位移也逐渐减小。因此，对于湿陷隧道地基处理而言，必须保证足够的处理深度，在足够处理深度的前提下，可以适当增大桩间距，节约施工成本。

通过以上分析可看出，无论是弯矩、轴力还是土压力和隧道整体沉降，桩间距对它们的影响敏感程度相对较小，而地基处理深度（桩长）对它们的影响却比较显著。因此，隧道湿陷地基处理时应首先考虑保证足够的地基处理深度，在保证处理深度的前提下，根据施工预算适当增加桩间距，即在同等条件下，应遵循"宁长勿密"的原则，宁可增加桩长增加地基处理深度，而不是减小桩间距增加桩体密度。

6.4.4　处理后地表沉降对比分析

图 6-18 给出了地基处理深度为 6m 时，不同桩间距对地基浸水引起的地表沉降影响。分析图 6-18 可以看出，未经三轴搅拌桩处理时，地基浸水引起的隧道正上方地表沉降最明显，经过不同桩间距地基处理后，地表沉降均呈减小趋势，但不同桩间距对沉降减小值影响不同，桩间距越小地基浸水引起的隧道正上方的地表沉降也越小，桩间距越大对地表沉降控制越弱，隧道两边地表沉降受桩间距影响不明显，说明三轴搅拌桩对处理范围外的沉降控制作用较小。另外，当桩长为 6m 时，只要经过三轴搅拌桩处理就可以使得地表沉降明显减小，桩间距对沉降值的影响不是很大。

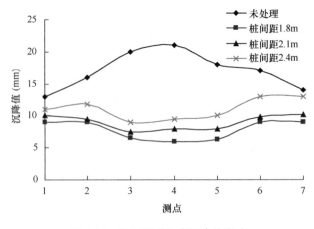

图 6-18　桩间距对地表沉降的影响

图 6-19 给出了桩间距为 2.1m 时，地基处理深度（即桩长）对地基浸水引起的地表沉降影响。由图 6-19 可以看出，经过不同桩长的地基处理后，地表沉降也有不同程度的减小，且桩长越大地基处理效果越好，对地表的沉降控制作用越明显。当桩长为 3m 时，地表整体沉降仍然较大，说明地基处理深度较小时对地表沉降控制作用

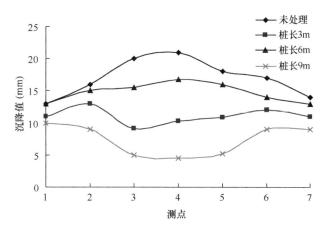

图 6-19　处理深度对地表沉降的影响

较小。随着桩长进一步增大，地表整体沉降值均减小。当桩长达到 9m 时，地表沉降值降低明显，隧道正上方仅为 4.5mm，随着桩长的增加对隧道两边浸水引起的地表沉降也有一定的控制作用，但是不明显。另外，即使桩长为 9m 时，地表沉降值也大于隧道整体竖向位移值，这可能是试验填土不够密实，有一定的固结沉降变形，因此，试验填土过程应注意土体压实，避免固结沉降对试验结果的影响。从地表沉降控制来看，桩长对地基浸水引起的地表沉降尤为明显，建议取桩长为 9m（即湿陷地基全部处理），桩间距对地表沉降控制不是很明显，可放大为 2.4m。

综上所述，湿陷性黄土地区隧道基底地基浸水会引起隧道弯矩、轴力和土压力的变化，如果不进行地基处理，则地层浸水可能导致隧道衬砌应力重分布，威胁结构安全。另外，还可能引起隧道整体位移，地基浸水不均匀沉降造成隧道衬砌开裂，衬砌错台等病害，引起的不均匀地表沉降也会对地表建筑物造成不利影响。因此，无论从任何一方面考虑，在湿陷黄土地层修建地铁隧道时都需要进行湿陷性黄土地基处理。以本书工况为例，当湿陷土层为 9m，基底地基完全浸水时，从弯矩结果分析来看，三轴搅拌桩间距宜取 2.1m，处理深度（桩长）宜取 6m；从轴力结果分析来看，桩间距可放大为 2.4m，处理深度（桩长）宜取 6m；从土压力结果分析来看，桩间距也可适当放大，但处理深度（桩长）必须保证足够大；从隧道位移结果分析来看，地基处理深度（桩长）对隧道整体位移敏感性明显大于桩间距，地基处理应首先考虑保证足够的地基处理深度，应不小于 6m；从地表沉降结果分析来看，地基处理深度（桩长）越大越好，处理深度为 6m 时对地表沉降控制也不是很理想，桩间距对地表沉降不敏感，湿陷地基全部处理（桩长为 9m）对地表沉降控制最有利。隧道受力和隧道整体位移应是关键控制因素，因此，本书试验工况建议三轴搅拌桩地基处理参数为：桩间距取 2.1m，地基处理深度（桩长）取 6m，在经济条件同等的前提下，应遵循"宁长勿密"原则，即必须保证地基处理深度，可适当增加桩间距。

6.5 小结

（1）基于目前地铁隧道区间及车站基底湿陷地层的处治方法，阐述各方法的适用条件及经济性，明挖车站和浅埋暗挖区间湿陷地基处治方法可选择性相对较大，而盾构区间可选择性较少，以盾构区间为研究对象，对比各种方法的优缺点，并结合设计文件要求与第5章试验结果，提出地表三轴搅拌桩处治盾构隧道湿陷地基的方案。

（2）分析地表三轴搅拌桩处治地基的主要影响因素为处理深度（桩长）、处治范围和桩间距，以隧道基底全幅均匀浸水为例，取最不利工况，采用数值分析手段建立模型分别研究了三个影响因素对隧道结构受力和位移影响。结果表明：从围岩压力来看，并不是地基处理深度越大越好，仰拱和拱顶处压力值会随着处理深度的增加有所增大；两侧边墙处接触应力随着处理范围的增加而减小，处治范围越大对隧道两侧边墙的受力有利；随着桩间距增大，各测点的接触压力值逐渐减小，桩间距较大时，隧底地基具有一定的柔性，能够承受隧道一定的协调变形，但不论桩间距为多大，隧道衬砌的接触压力值变化幅度不是很大；从变形来看，地基处理深度越大，对隧道变形控制效果越好；随着处治范围的增加，控制竖向变形的能力并不能明显提高；随着桩间距的增加，隧道基底浸水情况下的竖向位移值逐渐增大，桩间距较大时竖向位移变化趋于敏感。最终提出相对优化的参数分别为桩间距取2.1m、处理深度取6m、处治范围取隧道两侧1m。

（3）为进一步优化处治方案参数，并与数值模拟结果进度对比验证，设计5组模型试验，着重研究处治深度（桩长）和桩间距对处治效果的影响。结果显示，三轴搅拌桩地基处理对衬砌各点受力优化明显，桩间距越大对弯矩、轴力、土压力等变化值影响越小，桩间距越小对弯矩、轴力、土压力等变化值影响越大，当桩间距达到一定值时，进一步减小桩间距增加桩体密度其地基处理效果已经趋于不明显；处理深度越大（桩长）对地基浸水引起的弯矩扰动控制越明显，当桩长达到一定值时（即湿陷地基处理一定深度），浸水引起的隧道衬砌各点弯矩值变化已经不是很大，因此，实际工程中湿陷地基处理只要达到一定值即可，允许有一定的未处理湿陷地基。从整体结构分析来看建议合理桩间距取值为2.1m，当湿陷地基深度为9m时，处理深度只需取6m即可，与数值分析结果一致。无论是轴力还是弯矩，桩间距对其变化的敏感程度要小于桩长的影响，桩长较小时对地层湿陷的处治效果非常有限，地基处理深度一定时，减小桩间距增大桩体密度不会对控制隧道沉降有明显作用。同理，在同一处理深度时，可适当增加桩间距。无论是弯矩、轴力还是土压力和隧道整体沉降，桩间距对它们的影响敏感程度相对较小，而地基处理深度（桩长）对其影响却比较显著。因此，隧道湿陷地基处理时应首先考虑保证足够的地基处理深度，在保证处理深度的前提下，根据施工预算适当增加桩间距，在同等条件下，应遵循"宁长勿密"的原则，即宁可增加桩长加大地基处理深度，而不是减小桩间距增加桩体密度。

参考文献

[1] 王剑晨，张顶立，张成平，等. 北京地区浅埋暗挖法下穿施工既有隧道变形特点及预测[J]. 岩石力学与工程学报，2014，33(5)：947-956.

[2] 孔祥鹏，刘国彬，廖少明. 明珠线二期上海体育馆地铁车站穿越施工对地铁一号线车站的影响[J]. 岩石力学与工程学报，2004，23(5)：821-824.

[3] 雷永生. 西安地铁二号线下穿城墙及钟楼保护措施研究[J]. 岩土力学，2010，31(1)：223-228，236.

[4] 谢定义. 试论我国黄土力学研究中的若干新趋向[J]. 岩土工程学报，2001，23(1)：3-13.

[5] 刘祖典. 陕西关中黄土变形特性和变形参数的探讨[J]. 岩土工程学报，1984，6(3)：24-31.

[6] 钱鸿缙，涂光祉. 关中地区黄土的湿陷变形[J]. 土木工程学报，1997，30(3)：49-54.

[7] 苗天德，刘忠玉，任九生. 湿陷性黄土的变形机理与本构关系[J]. 岩土工程学报，1999，21(4)：383-387.

[8] 刘旭，陈龙珠，王兰民，等. 基于微结构失稳假说的湿陷性黄土体积应变计算[J]. 岩土力学，2005，26(7)：1023-1028.

[9] 高凌霞，栾茂田，杨庆. 基于微结构参数主成分的黄土湿陷性评价[J]. 岩土力学，2012，33(7)：1921-1926.

[10] 雷胜友，唐文栋. 黄土在受力和湿陷过程中微结构变化的 CT 扫描分析[J]. 岩石力学与工程学报，2004，23(24)：4166-4169.

[11] 沈珠江. 土体结构性的数学模型：21 世纪土力学的核心问题[J]. 岩土工程学报，1996，18(1)：95-97.

[12] 谢定义，齐吉琳. 土结构性及其定量化参数研究的新途径[J]. 岩土工程学报，1999，21(6)：651-656.

[13] 邵生俊，周飞飞，龙吉勇. 原状黄土结构性及其定量化参数研究[J]. 岩土工程学报，2004，26(4)：531-536.

[14] 邵生俊，龙吉勇，于清高，等. 湿陷性黄土的结构性参数本构模型[J]. 水利学报，2006，37(11)：1315-1322.

[15] 邵生俊，郑文，王正泓，等. 黄土的构度指标及其试验确定方法[J]. 岩土力学，2010，31(1)：15-19.

[16] 邵生俊，王丽琴，陶虎，等. 黄土的构度及其与粒度、密度、湿度之间的关系[J]. 岩土工程学报，2014，36(8)：1387-1393.

[17] 胡再强，沈珠江，谢定义. 结构性黄土的本构模型[J]. 岩石力学与工程学报，2005，24(4)：565-569.

[18] CUI Y J, DELAGE P. Yielding and plastic behaviour of an unsaturated compacted silt[J]. Geotechnique, 1996, 46(2)：291-311.

[19] HUANG S, BARBOUR S, FREDLUND D. Development and verification of a coefficient of

permeability function for a deformable unsaturated soil[J]. Canadian geotechnical journal, 1998, 35(3): 411-425.

[20] BROOKS R H, COREY A T. Hydraulic properties of porous media[M]. Fort Collins: Colorado State University, 1964.

[21] GALLIPOLI D. A hysteretic soil-water retention model accounting for cyclic variations of suction and void ratio[J]. Geotechnique, 2012, 62(7): 605-616.

[22] NUTH M, LALOUI L. Advances in modelling hysteretic water retention curve in deformable soils[J]. Computers and geotechnics, 2008, 35(6): 835-844.

[23] Hu R, Chen Y F, Liu H H, et al. A water retention curve and unsaturated hydraulic conductivity model for de-formable soils: consideration of the change in pore-size distribution[J]. Geotechnique, 2013, 63(16): 1389-1405.

[24] LALIBERTE G E, COREY A T, BROOKS R H. Properties of unsaturated porous media [D]. Fort Collins: Colorado State University, 1966.

[25] LLORET A, ALONSO E E. Consolidation of unsaturated soils including swelling and collapse behavior[J]. Geotechnique, 1980, 30(4): 449-477.

[26] CHANG C S, DUNCAN J M. Consolidation analysis for partly saturated clay by using an elastic-plastic effective stress-strain model[J]. International journal for numerical and analytical methods geomechanics, 1983, 7(1): 39-55.

[27] 张雪东, 赵成刚, 刘艳, 等. 变形对土水特征曲线影响规律模拟研究[J]. 土木工程学报, 2011, 44(7): 119-126.

[28] ROSCOE K H, SCHOFIELD A N, WROTH C P. On the yielding of soil[J]. Geotechnique, 1958, 8(1): 22-53.

[29] ROSCOE K H, BURLAND J B. On the generalized stress-strain behavior of wet clay[M]// Engineering plasticity. Cambridge: Cambridge Univ. Press, 1968: 535-609.

[30] DUNCAN J M, CHANG C Y. Nonlinear analysis of stress-strain in soils[J]. Proc. ASCE, 1970, 96(SM5): 1629-1653.

[31] LADE P, DUNCAN J M. Elastoplastic stress-strain response: cohesive soils[J]. Proc. ASCE, 1975, 101(10): 1037-1053.

[32] LIU M D, CARTER J P, DESAI C S. Modeling compression behavior of structured geomaterials[J]. International journal of geomechanics, 2003, 3(2): 191-204.

[33] ALONSO E E, GENS A, JOSA A. A constitutive model for partially saturated soils[J]. Geotechnique, 1990, 40(3): 405-430.

[34] DAFALIAS Y F, POPOV E P. A model of nonlinearly hardening materials for complex loading[J]. Acta mechanica, 1975, 21: 173-192.

[35] DAFALIAS Y F, HERRMANN L R. Bounding surface formulation of soil plasticity[Z]. Soil mechanics-transient and cyclic loads: constitutive relations and numerical treatment, 1982: 253-282.

[36] BARDET J P. Bounding surface plasticity model for sands[J]. J. Eng. Mech, 1986, 112: 1198-1217.

[37] 黄雪峰, 陈正汉, 哈双, 等. 大厚度自重湿陷性黄土场地湿陷变形特征的大型现场浸水试验

研究[J]. 岩土工程学报，2006，28(3)：382-389.

[38] 王小军，米维军，熊治文，等. 郑西客运专线黄土地基湿陷性现场浸水试验研究[J]. 铁道学报，2012，34(1)：83-90.

[39] 景韧，王永刚. 某湿陷性黄土隧道施工过程力学特性及塌陷区施工控制[J]. 公路，2009(2)：205-210.

[40] 翁效林，王俊，王立新，等. 黄土地层浸水湿陷对地铁隧道结构影响试验研究[J]. 岩土工程学报，2016，38(8)：1374-1380.

[41] 郑甲佳，赵可. 围岩浸水对黄土地铁隧道稳定性影响分析[J]. 铁道学报，2011，33(2)：91-95.

[42] 任会明. 强夯法处理湿陷性黄土地基的应用研究[D]. 西安：西安建筑科技大学，2008.

[43] 何永强，朱彦鹏. 膨胀法处理湿陷性黄土地基的理论及试验[J]. 土木建筑与环境工程，2009，31(1)：44-48.

[44] 付海山. 土挤密桩CFG桩复合地基在湿陷性黄土地基处理中的应用研究[D]. 郑州：郑州大学，2014.

[45] 王雪浪. 大厚度湿陷性黄土湿陷变形机理、地基处理及试验研究[D]. 兰州：兰州理工大学，2012.

[46] 杨校辉，黄雪峰，朱彦鹏，等. 大厚度自重湿陷性黄土地基处理深度和湿陷性评价试验研究[J]. 岩石力学与工程学报，2014，33(5)：1063-1074.

[47] TOVEY N K. A digital computer technique for orientation analysis of micrographs of soil fabric [J]. J Microscopy，1980，120：303-315.

[48] SHI B，LI S. Quantitative approach on SEM images of microstructure of clay soils[J]. Science in China，series B，1995，36(8)：741-748.

[49] 李大展，何颐华，隋国秀. Q_2 黄土大面积浸水试验研究[J]. 岩土工程学报，1993，15(2)：111-118.

[50] 方祥位，申春妮，汪龙，等. Q_2 黄土浸水前后微观结构变化研究[J]. 岩土力学，2013，34(5)：1319-1324.

[51] 孙建中，刘健民. 黄土的未饱和湿陷、剩余湿陷和多次湿陷[J]. 岩土工程学报，2000，22(3)：365-367.

[52] 谷天峰，王家鼎，郭乐，等. 基于图像处理的 Q_3 黄土的微观结构变化研究[J]. 岩石力学与工程学报，2011，30(S1)：3185-3192.

[53] 张先伟，孔令伟，郭爱国，等. 基于SEM和MIP试验结构性黏土压缩过程中微观孔隙的变化规律[J]. 岩石力学与工程学报，2012，31(2)：406-412.

[54] MONROY R，ZDRAVKOVIC L，RIDLEY A. Evolution of microstructure in compacted London clay during wetting and loading[J]. Geotechnique，2010，60(2)：105-119.

[55] LAPIERRE C，LEROUEIL S，LOCAT J. Mercury intrusion and permeability of Louiseville clay[J]. Canadian geotechnical journal，1990，27(6)：761-773.

[56] 孔令荣，黄宏伟，张冬梅，等. 不同固结压力下饱和软黏土孔隙分布试验研究[J]. 地下空间与工程学报，2007，3(6)：1036-1040.

[57] 蒋明镜，胡海军，彭建兵，等. 应力路径试验前后黄土孔隙变化及与力学特性的联系[J]. 岩土工程学报，2012，34(8)：1369-1378.

[58] 张苏民，张炜. 减湿和增湿时黄土的湿陷性[J]. 岩土工程学报，1992，14(1)：57-61.

[59] FRELUND D G, GAN J K M. The collapse mechanism of a soil subjected to one dimensional loading and wetting[J]. Loughborough university of technology，1994：173-205.

[60] REZNIK Y M. Evaluation of collapse potentials using single oedometer test results[J]. Bulletin of the association of engineering geologists，1994，XXXI(2)：255-261.

[61] 周葆春，孔令伟. 考虑体积变化的非饱和膨胀土土水特征[J]. 水利学报，2011，42(10)：1152-1160.

[62] BISHOP A W. The principle of effective stress[J]. Teknisk ukeblad I samarbeide med teknikk，1959，106(39)：859-863.

[63] FREDLUND D G, MORGENSTERN N R, WIDGER R A. Shear strength of unsaturated soils[J]. Canadian geotechnical journal，1978，15(3)：313-321.

[64] HAN K K, RAHARDJO H, BROMS B B. Effect of hysteresis on the shear strength of a residual soil[J]. Proc. 1st int. conf. on unsaturated soils，1995：499-504.

[65] NISHIMURA T, FREDLUND D C Z. Hystersis effects resulting from drying and wetting under relatively dry conditions[J]. Proc. 3rd int. conf. on unsaturated soils，2002：301-305.

[66] SHARMA R S. Mechanical behavior of unsaturated highly expansive clays[D]. Oxford：University of Oxford，1998.

[67] 李军，刘奉银，王磊，等. 关于土水特征曲线滞回特性影响因素的研究[J]. 水利学报，2015，46(增1)：194-199.

[68] 张雪东，赵成刚，刘艳，等. 土水特征曲线(SWCC)的滞回特性模拟研究[J]. 工程地质学报，2010，18(6)：920-925.

[69] VAN GENUCHTEN M T. A closed-form equation for predicting the hydraulic conductivity of unsaturated soils[J]. Soil science society of America journal，1980，44(5)：892-898.

[70] GARDNER W R. Some steady state solutions of the unsaturated moisture flow equation with application to oration from a water table[J]. Soil science，1958，85：228-232.

[71] FREDLUND D, XING A. Equations for the soil-water characteristic curve[J]. Canadian geotechnical journal，1994，31(4)：521-532.

[72] MUALEM Y. A new model for predicting the hydraulic conductivity of unsaturated porous media[J]. Water resources research，1976，12(3)：513-522.

[73] GABRIELE D V, ANNE C D, CRISTINA J, et al. Accounting for evolving pore size distribution in water retention models for compacted clays[J]. International journal for numerical and analytical methods in geomechanics，2015，39：702-723.

[74] TANAKA H, SHIWAKOTI D R, OMUKAI N, et al. Pore size distribution of clayey soils measured by mercury intrusion porosimetry and its relation to hydraulic conductivity[J]. Soils and foundations，2003，43(6)：63-73.

[75] 张延杰，王旭，梁庆国. 人工制备强湿陷性黄土物理力学性质试验研究[J]. 兰州交通大学学报，2015，34(6)：27-31.

[76] ASSALLAY A M, ROGERS C D F, SMALLEY I J. Formation and collapse of metastable particle packings and open structures in loess deposits[J]. Engineering geology，1997，48(Z1—2)：101-115.

［77］　BASMA A A，TUNCER E R. Evaluation and control of collapsible soils［J］. Journal of geotechnical engineering，2014，118(10)：1491-1504.

［78］　荣露，王旭，张延杰 . 人工制备湿陷性黄土湿陷影响因素分析［J］. 铁道建筑，2016，7：84-87.

［79］　志波由纪夫，川島一彦，大日方尚己，等 . 答変位法にょるツールドトネルの耐震設計法［J］. 土木技術資料，1986，28(5)：45-52.

［80］　黄宏伟，臧小龙 . 盾构隧道纵向变形性态研究分析［J］. 地下空间，2002，22(3)：244-251.

［81］　曾东洋，胡蔓宁，史彦文 . 盾构隧道施工地表沉隆变位影响因素研究［J］. 铁道工程学报，2006，23(4)：34-38.

［82］　李围 . 盾构隧道管片衬砌结构纵向刚度问题初步研究［J］. 铁道工程学报，2008，25(5)：63-65.

［83］　叶飞，杨鹏博，毛家骅，等 . 基于模型试验的盾构隧道纵向刚度分析［J］. 岩土工程学报，2015，37(1)：83-90.

［84］　赵文涛 . 陕西深厚湿陷性黄土场地地基处理深度及范围分析研究［D］. 西安：西安建筑科技大学，2012.